RALF KÖNIG

VERVIRTE ZEITEN

ROWOHLT

Der Autor bedankt sich bei Heiko Sakurai
für die Zeichnung der Kanzlerin auf S. 10.

Originalausgabe
Veröffentlicht im Rowohlt Verlag, Hamburg, März 2021

Einbandgestaltung Anzinger und Rasp, München
Einbandillustration Ralf König
Herstellung Daniel Sauthoff
Lithografie Susanne Kreher
Druck und Bindung CPI books GmbH, Leck, Germany
ISBN 978-3-498-00211-4

FSC www.fsc.org
MIX
Papier aus verantwortungsvollen Quellen
FSC® C083411

Das für dieses Buch verwendete Papier ist FSC®-zertifiziert.

VORWORT

Im unvergesslichen März 2020, als wir kollektiv verdattert aus der Wäsche guckten im Erstaunen darüber, dass der Kapitalismus zur Vollbremsung fähig ist, spazierte ich mit einem Freund unter Einhaltung eines ungewohnten Sicherheitsabstands durch die sonnige Kölner Grünanlage am Aachener Weiher, als plötzlich neben uns aus einer neu aufgestellten Alarmanlage in ohrenbetäubender Lautstärke eine Sirene aufkreischte! Kaum hatten wir uns vom Schreck erholt, krächzte viel zu leise und kaum zu verstehen eine blecherne Stimme aus dem Lautsprecher: **«Achtung, Achtung! Pandemie! Bitte bleiben Sie zu Hause!»** Ein unwirkliches Szenario. Wir fühlten uns wie in einer dieser trashigen Science-Fiction-Serien aus den 70er Jahren und mussten lachen. Die Zukunft ist vor allem eins: profan.

Das war gutes Timing: Ich spitzte gerade die Griffel für den nächsten Rowohlt-Comic, in dem es um kontroverse Themen gehen sollte, wie Political Correctness, gendergerechte Sprache, Querelen in der queeren Szene und verabscheuungswürdige alte weiße Männer, da hieß es plötzlich: zu Hause bleiben! Zwar hatte man im Radio immer wieder von einem neuartigen Virus gehört, das sich irgendwo in China ins Flugzeug gesetzt hatte und auf Weltreise ging, aber die Tragweite dessen kapierte man bis zum Lockdown kaum. Von den erwähnten Streitthemen redete von einem Tag auf den anderen keine Sau mehr. Und als die frühlingshafte Welt so stillstand, dämmerte mir, dass ich im Begriff war, die nächsten Monate an einem Buch zu sitzen, das inhaltlich auf unabsehbare Zeit niemanden interessieren könnte, denn da draußen ging es nur noch um: Corona!

In meiner Ratlosigkeit postete ich schnell hingekritzelte Cartoons auf Facebook, was ich selten tue. Als Buchautor lebt man vom Buchverkauf, da war mir Gratisbespaßung stets suspekt. Jetzt aber herrschte allgemeine Verunsicherung darüber, dass alle Räder stillstehen, gesellschaftlich, wirtschaftlich, kulturell. Die Comics, für die ich Konrad und Paul reanimierte, gingen schnell durch die Online-Decke und wurden eifrig geteilt. Die Kommentare waren begeistert, und das mit dem Dopamin funktionierte bei mir hervorragend! Ich bekam durch die allgemeine Ausbremsung einen bemerkenswerten kreativen Arschtritt.

Die täglichen vier Panels trugen mich folglich durch den Krisensommer. Vom 18. März bis zum 31. Oktober sah ich quasi zu, was Konrad und Paul aus der Situation machten. Da war kein vorher durchdachter Plot mit langem Spannungsbogen und Finale, wie das normalerweise bei einem Buch der Fall ist. Ich ließ die Ereignisse von Tag zu Tag treiben, oft genug beeinflusst durch neue Nachrichten oder inspirierende Einträge in den Kommentarleisten. So hatte ich ursprünglich gar nicht vor, aus dem atemberaubend erotischen REWE-Filialleiter einen Running-Gag zu machen, hätte die LeserInnengemeinde nicht kollektiv aufgeseufzt. Lag womöglich an den Frühlingsgefühlen, alle stellten sich ihren persönlichen Knaller vor. Und viele wollten ihn endlich sehen – aber welchen Kerl sollte ich da zeichnen, den Paul und sämtliche Schwulen und auch noch die Frauen Kölns gleichermaßen anschmachteten? Da ließ ich lieber jedem und jeder das eigene Kopfkino. Ich erfuhr auch, dass Konrad vielen leidtat, weil er doch wegen Pauls Promiskuität unglücklich sein müsse – ein Gedanke, der mir vorher kaum gekommen war! Die zwei sind seit 40 Jahren zusammen, was sollte Konrad noch erschüttern? Als Paul der Millie seine Dickpics zeigte, bekam ich von wohlmeinenden Herren netterweise selbst einige beeindruckende Fotos zugepostet, was mich zusätzlich bei Laune hielt. Danke dafür! Bei aller Dramatik da draußen erschien mir die Kölner Innenstadt über die sonnigen Monate als friedlicher Luftkurort. Ich schreibe das hier Anfang Dezember, Coronakrise herrscht immer noch, aber bei wesentlich schlechterem Wetter. Konrad und Paul hätten zu virenbedingt düsteren Weihnachten und Silvester einiges zu sagen gehabt, aber das Buch ist voll. Und wenn es im Frühjahr 2021 auf dem Markt ist, heult hoffentlich keine Sirene mehr und wir dürfen uns wieder maskenlos drücken und herzen oder sonst wie schamlos auf die Pelle rücken. Das wird schön.

Ralf König

MOR-GÄHN...
GEH AM BESTEN GLEICH WIEDER INS BETT! DRAUSSEN IST LOCKDOWN!
AUCH POLEN SCHLIESST SEINE GRENZEN!
BESUCHSVERBOT IN KLINIKEN!
LOCKWAS?
RESTAURANTS, CAFÉS, KNEIPEN, KINOS, THEATER, KONZERTSÄLE, ALLES BLEIBT ZU!
WAS? WIESO?
SCHULEN UND KITAS WERDEN GESCHLOSSEN!
WEGEN DIESES NEUARTIGEN VIRUS AUS WUHAN!
WUWAS?
KEINE FUSSBALLSPIELE!
REGIONALVERKEHR WIRD EINGESCHRÄNKT
WUHAN, CHINA! LUNGENKRANKHEIT, PANDEMIE! HAST DU DAS GAR NICHT RICHTIG MITGEKRIEGT?
NEIN.
ICH AUCH NICHT...

SO IST DAS JETZT NUN MAL. WIR SOLLEN ZU HAUSE BLEIBEN!
NA, GEHT JA NICHT! IN ZWEI WOCHEN HEI-RATEN ZUM BEISPIEL FELIX UND JEROME!
DANN GIBT'S HÖCHSTENS DEN STANDES-BEAMTEN UND ZWEI TRAUZEUGEN! KEINE PARTY!
NA KLAR PARTY! JENS SPAHN VERBIETET DOCH KEINE HOMO-EHE!
DER APPELL DER BUNDES-KANZLERIN...
ES IST ERNST.
NEHMEN SIE ES AUCH ERNST.
DA HÖRST DU'S. KEINE PARTY!
WAS JETZT... ERNSTHAFT?!

DER EUROVISON SONG-CONTEST IN ROTTERDAM WIRD ABGESAGT.
DER ESC WIRD ABGESAGT?!
DAS IST JETZT NICHT WAHR!
NAJA, WENN FUSSBALLSPIELE –
HAST DU GESAGT, DER ESC WIRD ABGESAGT?!
?
DAS KÖNNEN DIE DOCH NICHT MACHEN!
DAS FASS ICH NICHT!!! DER ESC WIRD ABGESAGT!!!
ECHT JETZT?! DER ESC WIRD ABGESAGT?!
KLINGT NACH ARMA-GEDDON.

CORONA
CORONA
CORONA
CORONA IN ITALIEN!
CORONA IN SPANIEN!
CORONA IN NEW YORK
CORONA-GEWALT IN DEN FAMILIEN!
CORONA IN INDIEN!
CORONA IM ALTENHEIM!
PAUL, UNS GEHT'S GUT.
CORONA IN SÜD-AFRIKA!
CORONA UND OBDACHLOSE!
CORONA IN KRANKEN-HÄUSERN!
CORONA IN FLÜCHTLINGS-CAMPS!
CORONA – KEIN ENDE ABZUSEHEN!
CORONA UND DIE WIRT-SCHAFT!
CORONA
CORONA CORONA ...

ES IST SO TRAURIG!!
JETZT DÜRFEN WIR PAPI GAR NICHT MEHR IM ALTENHEIM BESUCHEN!!!
WANN HAST DU DENN ZULETZT PAPI IM ALTENHEIM BESUCHT?!
ICH WOLLTE! DIESES WOCHENENDE!!!
ABER ALTE LEUTE SOLLEN DAS JA ALLE HABEN MIT DEM COLONA! DA HOL ICH MIR MAL LIEBER NICHTS!
EDELTRAUT … ICH LEG AUF. ICH HALT DAS NICHT AUS.
JA, ES IST SO TRAURIG!!

ES IST FRÜHLING!
ICH WILL RAUS!
ICH WILL FICKEN!
SEX IST EINE NATURGEWALT!
JA. ABER ALLE ANDEREN HABEN IHRE NATUR IN DER GEWALT, SO AUCH DU!
ABER IM RADIO SAGTEN SIE, DAS DAUERT WOMÖGLICH NOCH WOCHEN!
DAS DAUERT NOCH MONATE! UND BIS EIN IMPFSTOFF GEFUNDEN IST, VIELLEICHT SOGAR JAHRE!
FIEP...
KASTRIERT MICH...

PAPI, HAST DU'S MITGEKRIEGT? DIE DEUTSCHEN BUNKERN KLO-PAPIER …
DIE FRANZOSEN ROTWEIN UND KONDOME!
HM!
WOMIT WOHL KLAR IST, WER MEHR VOM STIL-VOLLEN LEBEN VERSTEHT …
NA, WIR DEUTSCHEN!
WAS?
WISCH DIR MAL IN DER KRISE DEN ARSCH MIT PARISERN!
DA WÜRD ICH MICH AUCH BESAUFEN!

WIR MÜSSEN ZÜGIG MACHEN! KONRAD IST NUR KURZ BEIM REWE!
ICH DACHTE, ER WEISS, WAS DU TREIBST!
KLAR, ABER ER MUSS JA NICHT NEBENAN SITZEN!
SO'N MIST! BEI DEM ANDEREN VIRUS GING WENIGSTENS SAFER SEX!
JA, JETZT NIESEN SIE DIR AUFS KONDOM!
DAFÜR HATTEN WIR DAMALS KEIN SKYPE!
STIMMT. KOMM MAL NÄHER RAN MIT DEM GEILEN ARSCH!
HEHE... ICH FÜHLE MICH SO BENUTZT!
FIEP...
LOS, ICH WILL DEINEN-
HUST!
?!
SORRY.
PAUL!! HUSTEN IN DIE ARMBEUGE!!!
ICH SAG JA SORRY!

UNS GEHT'S GUT, JA ... NUR PAUL IST ETWAS ANSTRENGEND.
DU WEISST SCHON ... FRÜHLING.
WINSEL ...
ACH JE ...
IN DEN NACHRICHTEN SAGEN SIE, DAS DRAMA GEHT JETZT ERST LOS, KRANKENHÄUSER IM SUPER-STRESS, KEIN MEDIZINISCHES MATERIAL, FAMILIEN IN IHREN WOHNUNGEN EINGEPFERCHT, DIE ALTEN LEUTE ISOLIERT ...
... DA ERSCHÜTTERT MICH ZUTIEFST, DASS PAUL UNTER-VÖGELT AN DER TÜR KRATZT!
SEI NICHT UNFAIR! UND FÜR MICH IST ES EIN STÜCK VERTRAUTE NORMALITÄT ...
FIEP ...
JAUL!!
OBWOHL ...

ALLE MEINE ENTCHEN SCHWIMMEN AUF DEM–
?!!
AAARGH!!
WAS IST LOS?!
IM RADIO HABEN SIE GESAGT, MAN SOLL SICH SO LANGE DIE HÄNDE WASCHEN, BIS MAN ZWEIMAL IN GEDANKEN ALLE MEINE ENTCHEN GESUNGEN HAT!!
BACH
JETZT HAB ICH SEIT TAGEN 'N OHRWURM!!! ALLE MEINE ENTCHEN!! ICH FASS ES NICHT!! WIR WERDEN ALLE NEUROTISCH!!!
WIE WÄR'S ZUM HÄNDEWASCHEN HIERMIT:
GUANTANAMERA... GUAJIRA GUANTANAMERA...
AAARGH!!!

WAS MACHST DU ?!
ICH STEIG IN MEINE REIZWÄSCHE!
HAB JETZT'N DATE!
WAS ?! KOMMT NICHT IN FRAGE! ES IST LOCKDOWN! AUF KEINEN FALL GEHST DU RAUS UND HAST SEXDATES!!
REG DICH AB!
WER SPRICHT VON RAUSGEHEN?
ACH SO. OK...

WOW! DIE VEREINTEN NATIONEN HABEN SICH DARÜBER VERSTÄNDIGT, DIE CORONAKRISE ZUM ANLASS ZU NEHMEN, ÜBER ALTERNATIVEN ZUM UNGEZÜGELTEN KAPITALISMUS NACHZUDENKEN! MAN WOLLE ZUDEM DIE HERSTELLUNG VON PESTIZIDEN UND PLASTIKPRODUKTEN RADIKAL EINSCHRÄNKEN...
...UND EIN PROGRAMM ZUR FLÄCHENDECKENDEN AUFFORSTUNG DER VERBLIEBENEN REGENWÄLDER EINLEITEN!
ACH?! DAS IST JA ERSTAUNLICH! SOLLTE ES DOCH NOCH HOFFNUNG GEBEN?
PROUST
GENERALSEKRETÄR ANTÓNIO GUTERRES KÜNDIGTE ZUR EINDÄMMUNG DER GLOBALEN BEVÖLKERUNGSEXPLOSION AUSSERDEM EIN WELTWEITES FICKVERBOT FÜR HETEROS AN! ER VERWIES DABEI AUF DIE ALTERNATIVE GLEICHGESCHLECHTLICHER SEXUALKONTAKTE!
VOR ALLEM ATTRAKTIVE HETEROMÄNNER SIND ANGEHALTEN, IHRE GEWOHNHEITEN ZU ÜBERDENKEN!
PROUST
APRIL, APRIL!
HA HA, AB WELCHER STELLE HAST DU'S GEMERKT?!
PROUST

DIESER BÄRTIGE FILIALLEITER VOM REWE AN DER SUBBEL-STRASSE IST SO EIN SCHARFES GESCHOSS!!!
DU WARST BEIM REWE AN DER SUBBEL-STRASSE?!
DARUM DAUERTE DAS SO LANGE!
ICH KÖNNTE DEN QUER ÜBER DIE ZEREALIEN INS LEERE NUDELREGAL RIMMEN! SCHEISS AUF ZWEI METER ABSTAND! ICH WÄR ZWEI METER IN DEM DRIN!!
DU HAST DIE BUTTER VER-GESSEN.
ICH HAB DIE BUTTER VERGESSEN?
DU BIST WEGEN DER BUTTER ZUM REWE UND HAST DIE BUTTER VER-GESSEN!
DANN MUSS ICH DA JA GLEICH NOCH-MAL HIN!
DU HAST SOGAR DIE LEEREN PFANDFLASCHEN WIEDER MIT-GEBRACHT!!

IN CHINA HABEN SIE'S ANSCHEINEND BALD HINTER SICH!
PRIMA! DA KÖNNEN SIE JA WIEDER FLEDERMÄUSE ESSEN!
HAST DU IM FERNSEHEN DIESE WILDTIERMÄRKTE GESEHEN?
DA FÄNGT DIE KRANKHEIT SCHON AN! RIESENSCHLANGEN IN PLASTIKSÄCKEN!
UNSEREN HÜHNERN UND SCHWEINEN GEHT'S AUCH NICHT BESSER.
WOHL WAHR!
DER MENSCH HAT'S NICHT ANDERS VERDIENT! WENNS NACH MIR GINGE, GÄB'S NACH DER KRISE NUR NOCH TOFUWÜRSTE UND SOJASCHNITZEL!
FÜR DEN VIELEN SOJA-ANBAU GEHT DOCH SCHON JETZT DER REGENWALD DRAUF!
ECHT JETZT?!
ECHT JETZT.
OK, FLEDERMÄUSE FÜR ALLE!

MUNDSCHUTZMASKEN SIND MANGEL-WARE! ICH HAB UNS WELCHE GENÄHT...
?!
DAMIT GEH ICH NICHT VOR DIE TÜR.
PAUL, ES IST NICHT DIE ZEIT FÜR EITELKEITEN!
DER GEILE BÄRTIGE FILIAL-LEITER VOM REWE SIEHT MICH SO NICHT!!
DER GEILE BÄRTIGE FILIALLEITER HAT SICHER SELBST 'NE MASKE VORM BART!
BLÜMCHEN! NO WAY!!
ICH HAB GRAD NOCH MIT MAX UND OGUZ GESPRO-CHEN! DU NIMMST ES JA NICHT ERNST, ABER WIR FETISCHISTEN SIND JETZT KLAR IM VORTEIL!
...UND 200 g GROBE LEBERWURST.

UND DU SO?
ICH VERWAHRLOSE.
HAB ICH AUCH KEIN PROBLEM MIT.
MEINE MUTTER KOMMT EH NICHT ZUM SPONTANBESUCH! PIZZA-SCHACHTELN, LEERE KONSERVEN-DOSEN, ASCHENBECHER VOLL MIT JOINTKIPPEN, BIERFLASCHEN, PORNOS ... ALLES LIEGT HIER RUM! HERRLICH!
NICHT MEHR DUSCHEN IST ÜBRIGENS EINE EXISTENZIELLE ERFAHRUNG! SICH SELBST RIECHEN MACHT DIR DEIN DASEIN BEWUSST!
ICH STINKE, ALSO BIN ICH ...
YEPP!
ABER DU MUSST DOCH AB UND ZU UNTER DIE LEUTE, WAS EIN-KAUFEN!
GENAU! UND DIE BLEIBEN ALLE SCHÖN AUF ZWEI METER ABSTAND!

ICH MAG'S KAUM SAGEN, ABER UNS GEHT'S GUT. SICHER, EIN TAG IST WIE DER ANDERE, ABER WIR HABEN UNSERE RUHE HIER.
DIESE RUHE!! TUT SO SCHEISS-GUT, DIESE RUHE!!
NUR PAUL LÄUFT DAS TESTOSTERON AUS DER NASE. OFFENBAR HILFT QUARANTÄNE IM FRÜHLING DER LIBIDO AUF DIE SPRÜNGE!
GESCHLECHTS-VERKEHR IST EIN MENSCHEN-RECHT!
ICH UNTERRICHTE DIE KLAVIER-SCHÜLER PER WEBCAM. ALLES IST ENTSPANNT UND ENT-SCHLEUNIGT.
JA, WIR MÜSSEN SCHLEUNIGST ALLE ENT-SPANNEN!!
ABER JETZT NICHT LACHEN: DAS KLO-PAPIER GEHT ZUR NEIGE!
ICH LACH NICHT UND VON UNS KRIEGT IHR NICHTS!!

ICH BIN MAL EIN, ZWEI STUNDEN IN MEINEM ZIMMER!
TU DIR KEINEN ZWANG AN.
NICHT, DASS DU PLÖTZLICH REIN-PLATZT! ICH KÖNNTE IN BIZARREN KÖRPERSTELLUNGEN VOR DER WEBCAM ...
ICH PLATZ NICHT REIN.
ICH HAB NÄMLICH IMMER NOCH 'NE PRIVATSPHÄRE! AUCH IN ISOLATIONSHAFT IST MEIN-
MICH INTERESSIERT NICHT, WAS DU IN DEINEM ZIMMER TREIBST. SCHIEB AB!
WAS ICH „TREIBE“, SCHON DIE WORTWAHL! OK, ICH SAG AB! ICH KANN NICHT, WENN DU HIER NEBENAN SITZT UND AN DER TÜR HORCHST, WAS ICH-
PAUL, HOL DIR EINEN RUNTER!!!

DU KÖNNTEST MAL WIEDER EIN FRISCHES T-SHIRT VERTRAGEN!
NÖ.
ICH VERWAHRLOSE.
WAS?
GÜNTER HAT MICH DRAUFGEBRACHT! WANN, WENN NICHT JETZT? SICH EINFACH GEHEN LASSEN ...
SELBST IST DER MANN! IM STEHEN PISSEN, MÜFFELN ...
EVOLUTIONSBIOLOGISCH IST SEIFE EIN IRRTUM!
JETZT, WO WIR VON ALLEN ISOLIERT SIND ...
DU BIST NICHT VON ALLEN ISOLIERT! ICH BIN HIER!
HALLO ?!!
OK, STIMMT. SO GESEHEN ...

OH MEIN GOTT! WIR HABEN IHN GESEHEN!
WEN GESEHEN?
DEINEN FILIAL-LEITER VOM REWE AN DER SUBBEL-STRASSE!
SCHNAUF…
WAS?! WAS WOLLT IHR DA?!
NA, DU HAST SO GESCHWÄRMT, DA MUSSTEN WIR MAL…
…DER IST JA WOHL GAR NICHT AUS-ZUHALTEN!
HABT IHR IHN AN-GEGAFFT?!
NA, VOLL!!
JÖRG IST NOCH GANZ TRIEB-VERSTÖRT! ER HAT IHN SOGAR ANGESPROCHEN!
ICH WUSSTE, IHR SEID PEIN-LICH!
ER HAT IHN GE-FRAGT, WO DIE H-MILCH IST!
SEUFZ…
UND WAS HAT ER GESAGT?!
DRITTE REGALWAND GEGENÜBER DEN KONSERVEN! UND ER HAT JÖRG ANGELÄ-CHELT!
ICH SPRECH IHN AUCH AN! MORGEN SPRECH ICH IHN AUCH AN!
MORGEN IST KARFREITAG.

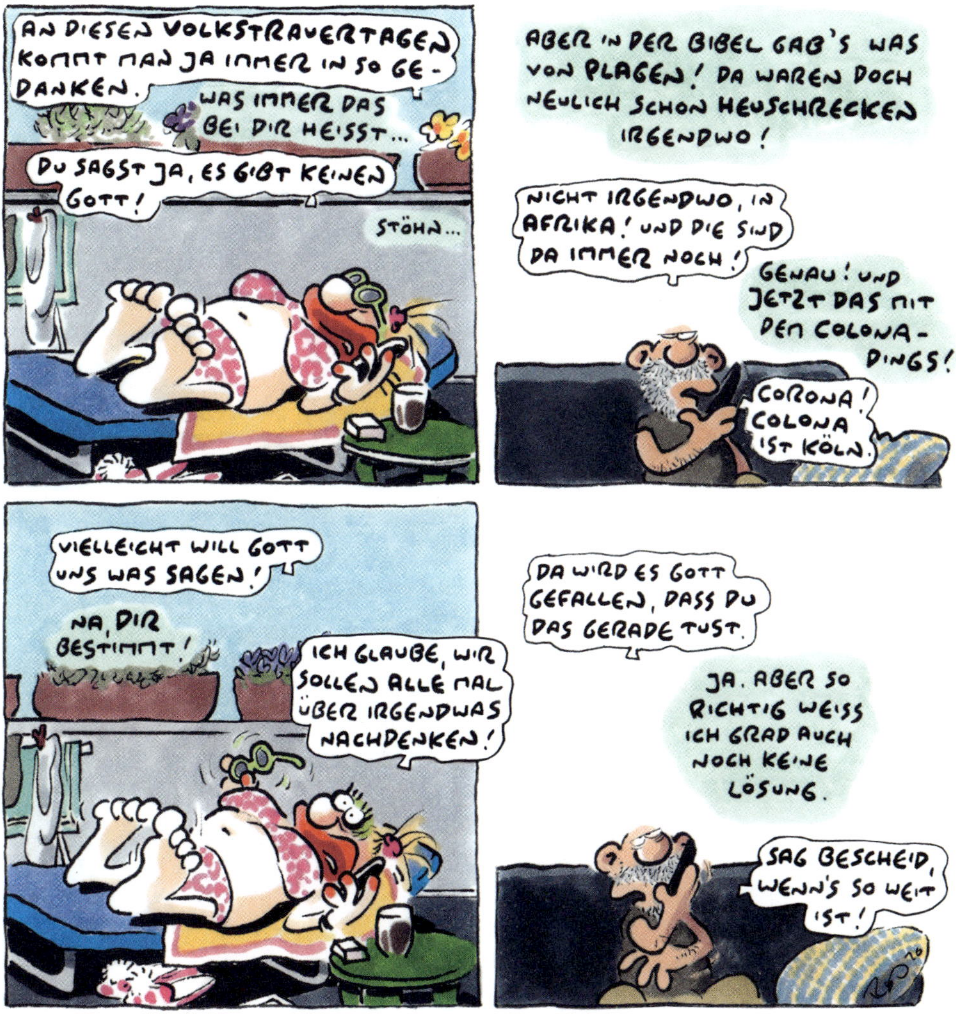

AN DIESEN VOLKSTRAUERTAGEN KOMMT MAN JA IMMER IN SO GEDANKEN.
WAS IMMER DAS BEI DIR HEISST…
DU SAGST JA, ES GIBT KEINEN GOTT!
STÖHN…
ABER IN DER BIBEL GAB'S WAS VON PLAGEN! DA WAREN DOCH NEULICH SCHON HEUSCHRECKEN IRGENDWO!
NICHT IRGENDWO, IN AFRIKA! UND DIE SIND DA IMMER NOCH!
GENAU! UND JETZT DAS MIT DEM COLONA-DINGS!
CORONA! COLONA IST KÖLN.
VIELLEICHT WILL GOTT UNS WAS SAGEN!
NA, DIR BESTIMMT!
ICH GLAUBE, WIR SOLLEN ALLE MAL ÜBER IRGENDWAS NACHDENKEN!
DA WIRD ES GOTT GEFALLEN, DASS DU DAS GERADE TUST.
JA. ABER SO RICHTIG WEISS ICH GRAD AUCH NOCH KEINE LÖSUNG.
SAG BESCHEID, WENN'S SO WEIT IST!

WAS MACHT IHR HIER ?!
ÄH... EINKAUFEN? FÜR OSTERN!
IHR WOHNT IN DER SPROTTASTRASSE! WAS SUCHT IHR BEIM REWE IN DER SUBBEL-STRASSE ?!
?!
ALSO ICH SUCH TOMATEN, OLIVEN-ÖL UND EIER!
JUNGEN GOUDA, TOASTBROT...
WURST...
KAFFEE, SCHOKO-LADENHÄSCHEN...
?!!
EIERLIKÖR-SCHOKOEIER...
SPAGHETTI... KLOPAPIER...
IHR WOLLT NUR MEINEN FILIALLEITER BEGAFFEN, DAS IST ALLES!!
OH MEIN GOTT!!
NA, WENN DU WEGEN DEM SO'NE WELLE MACHST...
?
?!
ICH GLAUBE, RÜDIGER HAT IHN GESEHEN!
OH MEIN GOTT, DAS HALT ICH NICHT AUS!!

HALLO! ICH BIN'S!
FROHE OSTERN! GEH BITTE DURCH DEN FLUR INS WOHNZIMMER UND SETZ DICH HINTEN AN DEN ESSTISCH!
OK!
SAG BESCHEID, WENN DU SITZT! ICH KOMM MIT DEM KUCHEN NACH!
JA, GUT ...
PAUL, KOMMST DU AUCH? BRIGITTE IST HIER, UND ICH HAB ERDBEERKUCHEN!
ZU VIEL RISIKO! ICH KÖNNTE IGITTE WAS HUSTEN!!
ICH NIESE ZURÜCK, VERLASS DICH DRAUF!!
HALLO... WIR WAHREN ABSTAND UND ANSTAND!
ABER STELLT MIR EINER ZWEI STÜCKE KUCHEN MIT SAHNE UND'N KAFFEE VOR DIE TÜR?!

HAT AUCH WAS GUTES! WENN ICH JETZT STERBE, KOMMT KEINER ZUR BEERDIGUNG!
DANN STIRBST DU HALT JETZT NICHT!
UND NATÜRLICH KOMMEN WIR ZUR BEERDIGUNG!
NEIN, NEIN, MENSCHENGEDRÄNGE IST AUF'M FRIEDHOF NICHT ERLAUBT!
WAS MEINST DU DENN, WER DA ALLES AUFLÄUFT?! IST DOCH KAUM NOCH EINER ÜBRIG VON DEN NIEMÖSERS!
JA, DIE NIEMÖSERS! ABER ICH WAR FRÜHER IM WANDERVEREIN, IM HEIMATCHOR UND IN DER SCHREBERGARTENVEREINIGUNG! DA KOMMT WAS ZUSAMMEN!
SEUFZ...
PAPI, DU BIST 87! SO WEIT HABEN'S NICHT ALLE GEBRACHT!
STIMMT! DIE MEISTEN WARTEN SCHON UNTER DER ERDE!
NA, IMMERHIN HALTEN SIE ALLE MINDESTENS ZWEI METER ABSTAND!
SEUFZ... NOCH FROHE OSTERN, PAPI!
JA, JA, FROHE OSTERN!

YEAH PINCH YOUR BUTTS...
ÄH... PINCH YOUR BUTTONS, I MEAN! UUH YEAH!!
WANNA SEE MY-
Die Netzwerkverbindung wurde unterbrochen!
??!
JETZT GEHT DAS INTERNET NICHT MEHR!!! DAS IST DER UNTERGANG! WO IST DER BALKON?!!
STARTE MAL EINFACH DEN ROUTER NEU.
UND ZIEH DIR VORHER DIE HOSE HOCH!

PAUL NIEMÖSER? HIER IST INGRID, DIE FRAU VON CONNY! ICH ARBEITE FÜR DEN KÖLNER EXPRESS! HAST DU ZEIT FÜR EIN STATEMENT?
ICH HAB DAMIT NICHTS ZU TUN!!
DOCH, HAST DU! NUR ZWEI FRAGEN!
DIE SCHWULENSCHLANGE VORM REWE AN DER SUBBELSTRASSE VERDOPPELT SICH TÄGLICH UND GEHT SCHON BIS ZUM HELLA-VON-SINNEN-PLATZ! WEISS DER BÄRTIGE FILIALLEITER ÜBERHAUPT, WAS LOS IST?
KEINE AHNUNG!
IST DAS NICHT EXTREM SEXISTISCH? WAS WÜRDEST DU SAGEN, WENN HETEROSEXUELLE MÄNNER ANSTÜNDEN, WEIL DIE VERKÄUFERIN AN DER WURSTTHEKE GROSSE BRÜSTE HÄTTE?!
DAS FÄNDE ICH TOTAL UNMÖGLICH!
WARUM?
DER REWE AN DER SUBBELSTRASSE HAT KEINE WURSTTHEKE!
UND TSCHÜSS!
WAS WAR DENN LOS?
DEINE QUEERFEMINISTISCHEN FREUNDINNEN HETZEN DEM FILIALLEITER UND MIR DIE REGENBOGENPRESSE AN DEN HALS!
KLINGT DOCH ROMANTISCH!
DIE ZEIT
WENN DAS SO WEITERGEHT, MUSS ICH ZUM ALDI!!

riphahn
DIE JUNGS VOM RIPHAHN VERWERTEN LEBENSMITTEL UND MACHEN JEDEN MITTAG SUPPENKÜCHE VORM RESTAURANT!
KOSTET EINEN EURO, ABER KLAR, DIE LEUTE GEBEN MEHR!
DA HABEN AUCH EIN PAAR OBDACHLOSE WAS DAVON!
ICH GEH JEDEN TAG MIT MEINER TUPPERWARE DURCH DIE ENTSPANNTE INNENSTADT UND HOL MIR MEIN MITTAGESSEN!
HAST DU DAS GEHÖRT PAUL?! THOMAS UND UWE VERKAUFEN MITTAGS EINTÖPFE VORM RIPHAHN!!!
DAS HEISST, DU KOCHST NICHT MEHR?!
DOCH, DOCH, DU DARFST WEITER MEHRMALS TÄGLICH ZUM REWE!
GUT! FILIALLEITER MÜSSEN AUCH LEBEN!!
SICHERLICH!
HABEN WIR NOCH MUSKATNUSS, KOKOSRASPELN, QUITTENGELEE?!

WIE HEISST DAS NOCHMAL, WENN MAN REALITÄTSFLUCHT BETREIBT?
ESKAPISMUS!
WARUM?
DIE ZEIT
ICH FANGE WIEDER AN ZU SCHREIBEN! SONST WERD ICH BEKLOPPT HIER! ICH MUSS SUBLIMIEREN!
GUTE IDEE! WAS WIRD'S?
RAUMPILOT BARRY HODEN GERÄT MIT DEM XENOMORPHEN UND DER SCHNAPFGACKE IN DIE UMLAUFBAHN EINES PLANETEN, DER AUSSIEHT WIE EIN BEHAARTER ARSCH, UND DANN MATERIALISIEREN SICH AUF DEM RAUMFRACHTER LIBIDO XL IHRE VERSAUTESTEN MASTURBATIONSPHANTASIEN!
JA, DAS WIRD FUNKTIONIEREN.
DIE ZEIT

OK, DAS VIRUS IST ZUERST IN CHINA AUFGETAUCHT, RICHTIG?
JA. UND?
DIE CHINESEN HABEN DAS VIRUS NICHT AUS DEM LABOR IN WUHAN ENTWISCHEN LASSEN, DIE HABEN DAS GEZIELT GEZÜCHTET UND MIT ABSICHT FREIGESETZT, UM BEI DEM CHAOS DIE WESTLICHE WIRTSCHAFT ZU ÜBERNEHMEN! ES GIBT DA SCHEINBAR HARMLOSE BOTSCHAFTEN IN GLÜCKSKEKSEN!
VOR ZWEI WOCHEN HAST DU NOCH GESAGT, ES GÄBE GAR KEIN VIRUS, DAS SEI NUR SONE ART MATRIX!
JA, ABER ...
GRETA THUNBERG STECKT MIT XI JINPING UNTER EINER DECKE!
WAS, ECHT?!
?!
DAS IST JA UNGLAAAUBLICH!

ALLMÄHLICH KRIEG ICH IN DER KRISE 'NE KRISE !! VERSUCH MAL, EINEN TERMIN BEIM FRISEUR ZU BEKOMMEN!
ICH WEISS, DASS DIE FRISEURE ERST AM 4. MAI ÖFFNEN! ABER ICH TIPP MIR DIE FINGER WUND, UND VON DER WEBSITE KRIEGT MAN NUR 'NE AUTOMATISCHE ANTWORT MIT VERWEIS AUF DIE KRISE!
ICH SEH BALD AUS WIE BEAKER VON DER MUPPETSHOW!!! DAS GEHT MIR JETZT LANGSAM AN DIE SUBSTANZ!!!
HEUTE MORGEN RIEF STEFAN AN, AUS NEW YORK! ER HAT GEWEINT!
DAS GIBT MIR JETZT DEN REST! KEIN FRISEUR IN NEW YORK?!

Der leidlich bekannte Kölner Fantasy- und Science-Fiction-Autor Paul Niemöser («Barry Hoden», «Hannibals Elefantenknüppel») ist ganz aus dem Häuschen! Der schwarzbärtige Filialleiter (37) hat es ihm angetan!

«Der Mann ist so ein Geschoss!», schwärmte der Schriftsteller (56) in einschlägigen Foren. Davon wollen sich Kölns Homosexuelle überzeugen: Die Schlange reicht auch wegen des einzuhaltenden Corona-Abstands bis zur total überflüssigen Fußgängerampel an der Mohrenstraße! Aber auch Frauen werden zunehmend schaulustig!

Die Damen haben womöglich mehr Chancen, denn er ist heterosexuell. Der angeschmachtete Filialleiter nimmt es gelassen: «Wenn der Mann mich heiß findet, warum nicht? Ich habe alle Barry-Hoden-Romane gelesen! Durchgeknalltes Zeug, aber ich steh auf so'n Scheiß. Vielleicht komme ich ja mal in einem Abenteuer vor!«, sagt er und grinst – unwiderstehlich!

IST DOCH COOL, DER HETERO-SEXUELLE FILIALLEITER LIEST DEINE BÜCHER! WAS WILLST DU MEHR?!
DER SOLL AUF MEINEM GESICHT SITZEN, NICHT LESEN!
VON MIR AUS AUCH BEIDES!
ABER FACESITTING MACHT JA GRAD AUCH KEINEN SPASS, MIT ATEM-SCHUTZMASKEN! UND ES IST EIN GRAUSAMES NATURGESETZ, DASS 37-JÄHRIGE HETEROSEXUELLE SAFTKEULEN NICHT AUF KLEINE, GRAUE DICKE BÄRCHEN STEHEN!
ICH GLAUBE NICHT AN HETERO-SEXUALITÄT.
ACH SO.
SIGNIER IHM EINEN BARRY-HODEN-ROMAN, DAS WIRD IHN FREUEN! VIELLEICHT SCHENKT ER DIR EIN PAAR TOMATEN!
DER IST NICHT HETERO!
ES STAND IM EXPRESS!
DAS HAB ICH IN MEINEM GAYDAR, DASS DER NICHT HE-TERO IST!
OK, DAS ARGUMENT MUSS MAN ERNST NEHMEN.

UND DU SO IN KÖLN? WAS MACHSTE?
AUF'M BALKON MEINE EIER IN DER SONNE BRATEN UND ABBA HÖREN!
GUT FÜR DIE NERVEN!
JA, SONNE! IST ERST APRIL! UND WIEDER KEIN REGEN! VORM SOMMER HAB ICH MEHR SCHISS ALS VORM VIRUS...
WAS IST EIGENTLICH MIT DIESEN ZWEI NEUEN ABBA-SONGS, DIE SIE UNS VER-SPROCHEN HABEN?
WAS?
REDET KEINER MEHR DRÜBER! JETZT EIN NEUES ABBA-ALBUM, DAS WÜRDE DIE MENSCHHEIT BEI LAUNE HALTEN!
WAHRSCHEINLICH GÄB'S NOCH FRIEDEN IN PALÄSTINA.
SUMMER NIGHT CITY...
STIMMT. SOLANGE WIR NOCH FRISCHES WASSER IN DER SPÜLMASCHINE HABEN, FEHLEN UNS NUR DIE ZWEI NEUEN SONGS VON ABBA!
JEMAND SOLLTE MIT BJÖRN REDEN!
UNBEDINGT!

AB HEUTE DÜRFEN WIR BEIM EINKAUFEN NICHT MEHR ATMEN! SOLL ICH DIR 'NE MASKE NÄHEN?!
KLAR! DU UND NÄHEN!
IM INTERNET GIBT'S SO FILMCHEN, DIE KANN MAN SICH AUCH EINFACH UM DEN KOPF WICKELN, ABER ICH MACH HIER UND DA 'NE SICHERHEITS-NADEL REIN!
NEE, LASS MAL. NEULICH KAM KONRAD SCHON MIT WAS GE-BLÜMTEM!
ICH HAB DIE ALTEN VERSCHLISSENEN UNTERHOSEN VON MEINEM KERL AUS DEM WÄSCHEKORB GEFISCHT, DIE ZACK UM DIE SCHNÜSS GEWICKELT UND FACKJU CORONA!
AUS PORKYS ARBEITS-UNTERWÄSCHE KAM SCHON WAS GANZ ANDERES NICHT DURCH!
DU HAST DIE UNTERHOSEN VON…
OK, SCHICK MIR WELCHE, COOL, DANKE!
WILLST DU DIE MIT DUFTWEICHSPÜLER LAVENDEL ODER GRANATAPFEL?
ICH HASSE DICH!!!
HI HI…

MAMA, WIR WOLLEN RAUS ZU TOBIAS!
ICH HAB'S EUCH SCHON ZWANZIG MAL ERKLÄRT, IHR KÖNNT NICHT RAUS ZU TOBIAS!
ABER ALTE LEUTE STERBEN SOWIESO!
KONRAD, ICH RUF ZURÜCK! ICH MUSS MAL EIN PAAR ETHISCHE TAKTE MIT MEINEN SÖHNEN REDEN!
ES MUSS WIRKLICH SCHWIERIG SEIN, DAS ALLES SEINEN KINDERN ZU ERKLÄREN ...
KONRAD? DARF ICH ZU HARTWURST-AKTIV-COLOGNE?!

SEIT DER MASKENPFLICHT WIRD DIE FRAUENSCHLANGE DEUTLICH KÜRZER! DIE STEHEN NUR NOCH BIS ZUR LOLA-LAMETTA-ALLEE!
HALLO. IST IHR FILIALLEITER HIER?
?!
HERR KNALLER IST HEUTE NICHT IM HAUS!
ER HEISST KNALLER?!
SIE SIND DIESER SCHRIFTSTELLER, ODER?!
ÄH...
ICH ERKENN SIE DOCH!!
NA DANKE AUCH, DEM UMSATZ TUT'S GUT, ABER HERR KNALLER FORDERT GERADE EINE RICHTIGSTELLUNG VOM KÖLNER EXPRESS!
OK... ER LIEST MEINE BÜCHER GAR NICHT.
DOCH, DOCH! ABER ER BESTEHT DARAUF, DASS ER NICHT HETEROSEXUELL IST!
SCHNÜFF...
HA!!!
BARRY HODEN

DU HAST DEN SIGNIERTEN BARRY HODEN BEI DER REWE-KASSIERERIN ABGEGEBEN ?! WEIL ER NICHT IN DER FILIALE WAR ?!
JA, ABER ICH HAB IHM MEINE E-MAIL UNTER DAS GEDICHT...
DU HÄTTEST ES IHM SELBER GEBEN SOLLEN!
HAB ICH NICHT DRAN GEDACHT IN DEM MOMENT, WAR ZU NERVÖS.
ER HÄTTE SICH VIELLEICHT GEFREUT! ER HÄTTE DICH ANGE-LÄCHELT!
HAT EH 'NE MASKE AUF.
UND HAT ER SICH SCHON GEMELDET, PER E-MAIL ?!
NEIN, WAR JA ERST GESTERN!
WAS SOLL'S, ER SPENDIERT MIR HÖCHSTENS 'NE LADUNG REWE-TREUEPUNKTE ODER SO.
TREUEPUNKTE VOM KNALLER...
SCHNÜFF...
DAS KLINGT SO WUNDERSCHÖN...

UND WIESO HAT DEN HERRN KNALLER NIE EINER IN DER SZENE GESEHEN, WENN DER SCHWUL IST?! DER IM CORNER, UND DIE SCHWUPPEN VERGESSEN DEN TEXT VON ATEMLOS!
VIELLEICHT IST ER VERPARTNERT UND TREU. SOWAS KOMMT VOR!
ICH BIN BEEINDRUCKT, DASS DU AN DIESE MÖGLICHKEIT DENKST!
GENAU. UND SEIN MANN HEISST SASCHA, SITZT NEBEN IHM AUF'M SOFA, UND SIE GUCKEN NETFLIX!
ER HEISST SASCHA?
SOLCHE TYPEN HEISSEN IMMER SASCHA!
NEIN, SASCHA LIEGT MIT DEM OHR AUF SEINEM BAUCH UND HAT DIE UNTERHOSE DIREKT VOR DER NASE! KNALLER TRÄGT NÄMLICH NUR UNTERHOSE UND T-SHIRT!
SASCHA SIEHT SEINE STÄMMIGEN, BEHAARTEN BEINE! ER RIECHT KNALLERS SÜSSLICH-MÄNNLICHEN DUFT!
VOM SAUM DER UNTERHOSE BIS ZUM T-SHIRT EIN STREIFEN NACKTER HAUT MIT SCHWARZEN HAAREN BIS ZUR DUNKLEN BAUCHNABELVERTIEFUNG! DER –
NA BLAS SCHON, IDIOT!!!

IST DOCH WAHR! NACH DER FINANZKRISE HABEN SIE DIE BANKEN GEPUSCHELT, WEIL ES HIESS, DIE SEIEN SYSTEMRELEVANT, UND DANACH HABEN SIE DEN GLEICHEN SCHEISS WIEDER GEMACHT!
JETZT ZEIGT SICH, WER SYSTEMRELEVANT IST! PFLEGEKRÄFTE SIND SYSTEMRELEVANT! SUPERMARKTKASSIERER SIND SYSTEMRELEVANT! BIENEN SIND SYSTEMRELEVANT!
OH, ICH WÜRDE JETZT EINIGES ZURECHTRÜCKEN!
NACH DER KRISE WÜRDE ICH AUFRÄUMEN!!
AMAZON MACHT ERST DIE BUCHLÄDEN PLATT, UND WENN'S DRAUF ANKOMMT, MACHEN SIE IHREN REIBACH LIEBER MIT KLOPAPIER! UND ZAHLEN NICHT MAL STEUERN!
DANKE, BITTE, ALS BUCHAUTOR BIN ICH DA GANZ BEI DIR!
NUN JA, ES GIBT LITERATUR, DA IST KLOPAPIER DOCH WICHTIGER.

SO LANGSAM WIRD'S ÖDE. ES IST SO WENIG ... BEWEGUNG! KEIN KÖLSCH IM GENTLE BEARS, KEIN KINO, KEIN THEATER ...
ALS OB DU JE INS THEATER ...
AN MARIOS GEBURTSTAG WAREN WIR NOCH ALLE IM STARTREFF!
DAS WAR VOR DREI JAHREN UND SIE SPIELTEN NICHT UNBEDINGT TSCHECHOWSKI!
WEN?
SHAKESPEARE.
ICH MÖCHTE MAL WIEDER MIT DER GANZEN TRUPPE BEIM ERDBEERKUCHEN SITZEN UND ÜBER BEKIFFTE WITZE LACHEN!
JA, MEIN GRAS GEHT AUCH ZUR NEIGE ...
IM ERNST, WENN DAS NOCH LANGE SO WEITERGEHT, FANG ICH NOCH AN, SPORT ZU TREIBEN ODER SO WAS!
OH. DAS KLINGT BESORGNISERREGEND!

SITZT DU? HAST DU DEIN RIECHSALZ BEREIT?
WAS IST LOS?!
PETRA WAR BEIM REWE AN DER SUBBEL-STRASSE UND HAT IHN FOTOGRAFIERT!
WAS?!
ALSO NICHT IHN JETZT, SONDERN DAS OFFIZIELLE FILIALLEITERFOTO AN DER REWE-PINNWAND!
ES GIBT EIN OFFIZIELLES FILIALLEITERFOTO AN DER REWE-PINNWAND?!
GLEICH AM EINGANG LINKS VOR DEN EIN-KAUFSWAGEN!
UND ER ZEIGT SEIN ENTZÜCKENDSTES LÄCHELN! ER IST JA WIRKLICH EIN SCHNUCKELCHEN!
WAS SEID IHR ÜBERHAUPT FÜR LESBEN?!
MOMENT, ICH SCHICK'S DIR. FASTEN SEAT BELTS!
FLUSCH!
HALLO?! BRAUCHST DU EIN SAUERSTOFFZELT?!
FIEP...
PAUL, DA KOCHT WAS ÜBER!!

SAG MAL, NIMMST DU HASCH?!
WAS? NEIN.
DAS HEISST, DOCH!
NA, WAS JETZT?!
STÖHN...
HÖR ZU, PAPI, DU BIST ALT UND ICH BIN ERWACHSEN, OK?! ALSO JETZT KEIN HAUSARREST, DEN HABEN WIR EH SCHON!
KLAR RAUCHE ICH GRAS, ICH WAR DAMALS JEDEN ABEND BREIT UND HAB DEN KÜHLSCHRANK HALB LEER-GEFRESSEN! HABT IHR NIE GE-MERKT, ALSO –
BRING MIR MAL WAS MIT!
WAS?!
DIE SCHWATZEN SCHON SEIT JAHREN DAVON, DAS ZEUG ZU LEGALISIEREN! UND ICH HAB GRAD VIEL ZEIT FÜR SELBSTVERSUCHE!
DU WILLST KIFFEN?!
NA, ROTWEIN VERTRAG ICH NICHT MEHR!
OK... ICH HAB NUR GRAD SELBST NICHT MEHR SO VIEL.
DEINE MUTTER UND ICH HABEN DIR DEN KÜHLSCHRANK DAMALS IMMER NACHGEFÜLLT, DA WIRST DU FÜR DEINEN ALTEN VATER JA WOHL EIN BISSCHEN HASCHISCH ÜBRIG HABEN!!!
ABER ICH DARF DICH GRAD NICHT MAL BESUCHEN!
DANN MACH'N CARE-PAKET! UND NOCH WAS KOKS DAZU!

MOM?
DARF ICH RAUS?
ABER NUR KURZ! WARTE MAL, ICH MACH'N FOTO! ONKEL PAUL HAT DICH SEIT JAHREN NICHT GESEHEN!
NEE, KEIN BOCK JETZT!
DER IST SECHZEHN UND BALD GENAUSO HAARIG WIE SEIN VATER! IN FÜNF JAHREN WILDERN SIE DEN AUS! MOMENT MAL, PAUL...
ABER GRAD NICHT MIT DEN USCHIS RUMKNUTSCHEN!! DENK DRAN, DAVON WERDEN ALTE LEUTE KRANK!!!
NA TOLL, WENN CÄSAR VOR DER TÜR IST, KOMMT BE-STIMMT GLEICH MEIN KERL UND WILL'N BLOWJOB! VON DEM SCHICK ICH DIR AUCH'N LUSTIGES FOTO, DA SITZT ER NACKT AUFM KLO UND–
HEY HEY...
WAR KLAR. TSCHÖ, PAUL, ICH KRIEG WAS IM MUND!
KICHER... KOMM HER, MEIN BÄR!
PAUL, DAS KISSEN IST FREI VON SCHULD.
GNA GNA GNA

FRAU STUBENBURG?!
HIER IST IHR SOHN!!!
?!
HALLO, MAMA?!! ICH BIN'S, KONRAD!!!
ALLES LIEBE ZUM MUTTERTAG!!!
DER WAR DAS!!!
JA, GENAU DER WAR DAS!! WEGEN DEM MUSSTE ICH DIESEN FÜRCHTERLICHEN MANN HEIRATEN!!!
WAS ALLEIN DER KINDERWAGEN GEKOSTET HAT!!!
ÄHM ... MÖCHTEN SIE NOCH WAS SAGEN?
SIE VERWECHSELT MICH WIEDER.
SICHER.
UND DIE KACKE DAUERND IN DEN WINDELN!!!

GEISTERSPIELE! DAS SCHEINT JA DAS DRINGENDSTE PROBLEM ZU SEIN, DASS KEIN FUSSBALL MEHR –
NAJA, FÜR DIE VEREINE UND FÜR DIE VOLKSPSYCHE IST ES DAS WOHL AUCH.
ACH SO, ABER THEATER, OPERNHÄUSER, KNEIPEN, RESTAURANTS, KINOS …
JEDER JAMMERT UM SEINS, SO IST DAS NUN MAL!
UND GOTTESDIENSTE! IN DEN KIRCHEN WAR TOTE HOSE, UND NUN IST NICHTS DRINGLICHER ALS GOTTESDIENSTE!
IN ZEITEN DER NOT …
KLAR, DAS WIRD DEN GOTT AUCH SCHWER INS GRÜBELN BRINGEN!
„OOPS, WO KOMMT DAS NEUARTIGE VIRUS DENN HER?! DA MUSS ICH ABER SCHLECHTE LAUNE GEHABT HABEN!"
ERINNERE DICH, DAS ERSTE, WAS ABGESAGT WURDE, WAR DER EUROVISION SONG CONTEST! DA HAST DU AUCH GEKLAGT.
GENAU! WAS SPRICHT EIGENTLICH GEGEN EINEN GEISTER-ESC?!!
ZU SPOOKY. STELL DIR DEN RUMÄNISCHEN BEITRAG OHNE PUBLIKUM VOR! ODER AUCH DEN DEUTSCHEN!
STIMMT, MIR GEFRIERT GRAD DER KAFFEE IN DER TASSE.
KLIRR

ICH HAB SAMSTAG 'N DATE.
NICHT DEIN ERNST!
DOCH, DOCH!
HALLO?! WER WEISS DENN, WIE LANGE DAS NOCH DAUERT MIT DIESEM VIRUS?! ICH SEH NICHT EIN, DASS ICH JETZT ZUR TROCKENPFLAUME MUTIERE UND NACH EINEM JAHR HUSTET DICH'N KIND AN, UND DU HAST ES DOCH!
ICH BIN FAST SECHZIG, WANN SOLL ICH DENN BITTE SEX HABEN, „NACH CORONA"?!
ICH HÄTTE JA AUCH EINEN AM START, ABER NOCH SIEGT DAS SCHLECHTE GEWISSEN...
JAA, DENK ICH MIR JA AUCH. DA STECKT MAN EINEM DIE ZUNGE IN DIE INTIM-SPHÄRE UND DREI WOCHEN SPÄTER HÄNGST DU AM BEATMUNGSGERÄT! SEUFZ...
AUF JEDEN FALL WASCH ICH MIR DANACH GRÜNDLICH DIE HÄNDE...

NA KLAR BIN ICH BEI DER DEMO DABEI UND NATÜRLICH MASKE AB! SCHEISS AUF SICHERHEITSABSTAND!
LEUTE, DIE VERARSCHEN UNS!!!
NEIN!
WAS?!
DA IST EIN VIRUS, UND DASS WIR BISHER VERGLEICHSWEISE GUT DAMIT DURCHGEKOMMEN SIND, IST VOR ALLEM EINER WISSENSCHAFT UND POLITIK ZU VERDANKEN, DIE SICHER NICHT GANZ FREI VON FEHLERN, ABER UMSICHTIG GENUG WAR –
BILL GATES –
JETZT HÖR MIR MAL ZU!
DIE SPANIER UND ITALIENER DURFTEN WOCHENLANG IHRE WOHNUNGEN NICHT VERLASSEN, WIR KÖNNEN NOCH FROH SEIN! SOLCHE DEMOS SIND EIN SCHLAG INS GESICHT FÜRS MEDIZINISCHE PERSONAL, DAS –
CHECK DOCH NUR EINMAL DIE ALTERNATIVEN FAKTEN IM INTERNET! ES GAB 2018 EIN GEHEIMES TREFFEN VON –
CLAC
HALLO?! KONRAD?!
ER WAR MAL EIN VIELVERSPRECHENDER KLAVIERSCHÜLER! WAS IST PASSIERT?
HIER STEHT'S: BEI NETFLIX ARBEITEN RUSSISCHE GEHEIMAGENTEN, DIE MIT PSYCHOLOGISCH PERFIDEN MYSTERY-SERIEN GEZIELT AUF HIRNBEREICHE EINWIRKEN, DIE MISSTRAUEN UND LEICHTGLÄUBIGKEIT...
DAS ERGIBT SINN.

DA REDEN SIE VIEL ÜBER GRUNDRECHTE, ABER KEINER SAGT MAL WAS ÜBER DIES JAHR NIX MIT MAJORKA!
NEIN.
ALSO DEUTSCHLAND! NORDSEE? OSTSEE? 'NE SÜDSEE GIBT'S HIER NICHT, ODER?!
NEIN.
AQUALAND SOLL LANDSCHAFTLICH SCHÖN SEIN, ABER HAT AUCH ZU! VIELLEICHT SOLLTE MAN ECHT MAL IN DIE DDR!
JA.
ABER KOMISCHER DIALEKT. ODER NORDRHEIN! WARST DU SCHON MAL IN NORDRHEIN?!
JA.
WESTFALEN IST KLAR, ABER NORDRHEIN?! ICH WAR IMMER SCHEISSE IN GEOMETRIE!
JA.
EGAL, EIMER SANGRIA AUF'M BALKON UND LUSTIGE PARTYKRACHER, UND DANN MACHT MIR MEIN KERL DEN BALLERMANN!
STÖHN…
WAS?
JA.
SCHLURCH

UND, HAT ER SICH INZWISCHEN GEMELDET?
JA, GESTERN! ER WILL ERNSTHAFT KIFFEN!
MIT DIR?! PAUL, DAS KLINGT NACH SEX! DAS RIECHT GANZ UNVER-SCHÄMT NACH SEX!!
WAS?!
ER FINDET ES BESTIMMT REIZVOLL, DASS DU IHM EIN GEDICHT IN DEM BARRY HODEN GEWIDMET HAST! DAS WIR ÜBRIGENS AUCH GERN MAL LESEN WÜRDEN, DAVON AB...
NICHT DER KNALLER! ES GEHT UM MEINEN VATER!!
ACH JA, SEIN VATER...
KEY WEST
DER WIRD AUF SEINE ALTEN TAGE GANZ WIE OMA TILLA! DIE HATTE AUCH BIS ZUM SCHLUSS DIE NASE IM PUDERZUCKER!
HM.
OK. UND... HAT DER FILIAL-LEITER SICH MITTLERWEILE GEMELDET ODER...
KEY WEST
NEIN!!! ER HAT SICH NOCH NICHT GEMELDET!!!
DAS GEDICHT WAR BESTIMMT PEINLICH.
NUN SAG NICHT SOWAS!!!

OK, WER VON UNS HAT DIE GRÖSSTE WOHNUNG ?!
WAS ?
WER VON UNSERER TRUPPE DIE GRÖSSTE WOHNUNG HAT !
KONRAD UND PAUL !
RUSH
WIR HALTEN DIE EINSFÜNFZIG METER ABSTAND EIN, BINDEN UNS UNSERE NIKABS VOR DIE NASE UND GUCKEN ZUSAMMEN ESC !!!
ES GIBT KEINEN ESC !
ABER DEN ERSATZ-FREE-ESC MIT RAAB UND WURST !
NÖ.
OHNE MICH ...
LOS, WIR MÜSSEN ZURÜCK INS LEBEN ! WIR BRINGEN SCHAUMWEIN MIT UND DU WAS GRAS !
ICH HASSE DEN ESC, UND DANN NOCH ERSATZ ! UND ICH MÜSSTE DUSCHEN !
KONRAD MISST SICHER MIT DEM ZOLLSTOCK DAS WOHNZIMMER AB !
RUSH
EGAL, SCHLUSS MIT DER ASKESE ! ICH SAG KONRAD UND PAUL BESCHEID, JÖRG MACHT KÄSEHÄPPCHEN ! WAS VERGESSEN ?!
FÜR MICH'N BEATMUNGS-GERÄT !
KRATZ KRATZ

...STEHT GESTERN SO'N TYP AM BANKAUTOMATEN UND PRÜFT IN ALLER RUHE SEINE KONTOAUSZÜGE! ICH WEISE DARAUF HIN, DASS HINTER IHM 'NE WARTESCHLANGE STEHT!
HALTEN SIE GEFÄLLIGST DEN MINDESTABSTAND EIN!!!
?!!
DANACH MACHTE ER NOCH DEN SICHERHEITSBEAMTEN AUF MICH AUFMERKSAM, DER MICH AM AUSGANG ÜBER DIE VIRENSCHUTZMASSNAHMEN BELEHRTE!
UND SAH DER GUT AUS, DER SICHERHEITSBEAMTE?
WAS?
WEISS NICHT. HATTE MASKE AUF!
HAT ER DICH MIT IN SEIN BÜRO GENOMMEN? GAB ES BEIM THEMA HOSENGÜRTEL WEITERE LOCKERUNGEN?!
SAG MAL, PAUL, IST ALTERSGEILHEIT EIGENTLICH EIN ANGENEHMER ZUSTAND ODER...
DIE PURE LEBENSFREUDE.

ACH WAS ?! UNERTRÄGLICHE ZUSTÄNDE IN DER FLEISCHINDUSTRIE ?! DAS HABEN WIR JA ALLE NICHT GEWUSST!
DA MUSS JULIA KLÖCKNER ABER MAL FREUNDLICH MAHNEND DEN FINGER HEBEN! „DU BÖSE, BÖSE FLEISCH-INDUSTRIE, WAS HAST DU DA WIEDER GEMACHT ?! AB IN DIE ECKE UND SCHÄM DICH! ICH KOMM NACHHER RÜBER, DANN TRINKEN WIR EINEN!“
JA, WAS DURCH CORONA SO ANS TAGES-LICHT KOMMT.
WIRD GENAUSO SCHNELL WIEDER VER-DRÄNGT! TIERQUAL, AUSBEUTUNG DER ARBEITER, ANTIBIOTIKA-RESISTENZEN, VIRENSCHLEUDERN... SCHIEBEN WIR SCHNELL WIEDER INS WURSTFACH!
KOMM, ZUM ENDE IRGENDNE POINTE! HEITER MICH AUF!
OK. JULIA KLÖCKNER SAGT, DIE ALLERMEISTEN SCHLACHTFABRIKEN ARBEITEN SAUBER UND NACH DEN STANDARDS!
HA HA, JA, DAS IST LUSTIG!

Hallo, Paul Niemöser! Vielen Dank für «Barry Hoden – Im Weltall hört dich keiner grunzen»! Sogar mit schmutzigem Gedicht, wow! Wir sollten demnächst mal telefonieren oder skypen! Gruß von der Subbelstraße, Bastian Knaller

Hallo, Paul Niemöser! Vielen Dank für «Barry Hoden – Im Weltall hört dich keiner grunzen»! Sogar mit schmutzigem Gedicht, wow! Wir sollten demnächst mal telefonieren oder skypen! Gruß von der Subbelstraße, Bastian Knaller

WAS IST LOS?
ICH SKYPE WOHL DEMNÄCHST MAL MIT DEM FILIAL-LEITER.
AHA? NUR ZU!
MEHR HAST DU DAZU NICHT ZU SAGEN?
WAS SOLL ICH DENN SAGEN? WIE HAST DU IHN KENNEN-GELERNT?
ICH HAB IHM EIN GEDICHT IN DEN BARRY HODEN ... UND ER WILL MAL ALS CHARAKTER IN MEINEM ROMAN VORKOMMEN!
AH. DAZU MUSST DU IHN NATÜRLICH AUSGIEBIG STUDIEREN!
GENAU. AUCH WENN'S SCIENCE-FICTION IST, MEINE CHARAKTERE HABEN HERZ UND SEELE!
UND DAS EINE IST BEHAARTER ALS DAS ANDERE!
WIRD SICH ZEIGEN. ER WIRD WOHL DEMNÄCHST MAL MIT MIR SKYPEN ...
JA, DAS SAGTEST DU SCHON.

ALSO ... WAS ICH SO LESE ... ICH MACHE MIR WIRKLICH SORGEN! DAS WIRD 'NE SCHLIMME REZESSION!
WARUM SAGST DU DAS JETZT?
WEIL'S GANZ SO AUSSIEHT! ZIEH DICH WARM AN, DAS WIRD VERHEEREND!
DU MACHST MIR WIRKLICH MUT! SIND DOCH ERST ELF KAPITEL!
OK, ICH SCHIESSE BARRY HODEN MIT DEM XENOMORPHEN AUF EINEN BEHAARTEN ARSCHPLANETEN UND MIT DER SCHNAPFGACKE WIRD'S NOCH PSYCHEDELISCH-POSTPORNOGRAFISCH, ABER ICH KRIEG NOCH DIE KURVE ZU NATURPHILOSOPHISCHEM NIVEAU!
WAS?! REZESSION! NICHT REZENSION!
ACH SO.
MEIN GOTT, PAUL, GUCK MAL AUS DEM FENSTER! ES GIBT EINE WELT AUSSERHALB DEINES KOSMISCHEN SCHLURCHLOCHS!
ZU VIEL SCIENCE-FICTION.
RG 20

EIN TAG WIE DER ANDERE ... ES REICHT! ICH WILL MAL WIEDER FREUNDE UMARMEN! MICH BEIM ITALIENER VERABREDEN! IRGENDWO AN DER THEKE STEHEN!
INS KINO GEHEN, PARTYS FEIERN! ICH KRIEG'N RAPPEL HIER ALLEINE! ICH WILL MAL WIEDER DAS RADIO ANMACHEN UND NICHT SOFORT CORONA HÖREN!
NA, LANGSAM MACHEN SICH JA WIEDER NORMALE NACHRICHTEN BREIT...
ACH JA? WELCHE?
HIER: BLUTIGER ANSCHLAG AUF ENTBINDUNGSKLINIK IN KABUL!
OK... KLINGT NACH ALTEN ZEITEN.

SCHÄUBLE HAT JA NEULICH NOCH GESAGT, MAN DÜRFE NICHT ALLES DEM SCHUTZ DES LEBENS UNTERORDNEN!
JA, GESTORBEN WIRD IMMER!
ICH BIN EIGENTLICH GANZ FROH, DASS WIR NICHT IN EINER GESELLSCHAFT LEBEN, DIE SAGT, SCHEISS AUF ALTE UND VORERKRANKTE!
JA, HÄTTE ICH DEM KAPITALISMUS GAR NICHT ZUGETRAUT!
DAFÜR STERBEN DIE ALTEN AN DEPRESSION! MEINE ELTERN TRAUEN SICH NICHT, IHRE WINZIGE WOHNUNG IM ALTENHEIM ZU VERLASSEN, WEIL DRAUSSEN GAR KEINER MEHR RUMLÄUFT! ICH SAGE, GERADE WEIL KEINER RUMLÄUFT, KÖNNT IHR DOCH RAUS!
UND?
NEE, DER SCHÄUBLE SAGT, DASS LEUTE STERBEN, SEI NICHT ZU VERHINDERN, DA BLEIBEN WIR MAL LIEBER DRIN!
IST DAS KLOFENSTER VERRIEGELT?!

HI RICHARD... KONRAD UND PAUL HIER! FRANZ HAT GEBURTSTAG, GIBST DU IHN UNS MAL?
JA, FRANZ WIRD FÜNFUNDSECHZIG UND KEIN FEST, KEIN KAFFEETRINKEN! ICH VERMISSE EUCH ALLE, KEIN JÖRG, KEIN NORBERT, KEIN BERND, KEIN KLAUS, KEIN FELIX, KEIN JEROME...
...KEIN AXEL, KEIN RALF, KEIN OLAF...
OK, GIBST DU IHN UNS MAL?
PAUL, DU BIST EIN BEKANNTER AUTOR, SCHREIB FRANZ EIN GEDICHT! ICH MEINE DAS JETZT SEHR ERNST!! ICH BIETE DIR FÜR EIN HANDGESCHRIEBENES GEDICHT FÜNFHUNDERT EURO!
HANDGEWAS? BIN ICH PRUST?
PROUST.
TAUSEND EURO!!
ICH HAB KEIN GESCHENK! ICH KANN EINFACH NICHT MIT ATEMSCHUTZ-MASKE SHOPPEN GEHEN, DAS LÄHMT MIR MEIN EINKAUFSZENTRUM IM GEHIRN!
RICHARD... IST FRANZ DA?!
DIESE KRISE MACHT MICH GANZ PORÖS!
HALLO... HÖRT GAR NICHT AUF IHN...
ÄH... FRANZ HAT HEUTE JUBELTAG UND DAS GANZ OHNE GÄSTE! WEGEN CORONA-SCHUTZMASSNAHMEN TUN WIR DICH VIRTUELL UMARMEN UND WÜNSCHEN DIR DAS BESTE!
DAS WAR JETZT ABER NICHT SO TOLL!
TAUSEND EURO!

IRGENDWIE IST ES BELASTEND, GEHEIMNISSE ZU HABEN ...
DANN HAB DOCH KEINE.
JA. WENN ICH NICHTS SAGE, KRIEG ICH'N GANZ PELZIGEN MUND!
BIN GANZ OHR!
ACH NEIN, ZU INTIM. GEHT KEINEN WAS AN.
DU HAST MIR AUSFÜHRLICH JEDE VERDAMMTE SEXPRAKTIK BESCHRIEBEN, DIE DU HINTER DIR HAST, UND ICH HAB ES NICHT IMMER GERN GEHÖRT!
DANN SAG ICH HALT AUCH NICHTS.
DER FILIALLEITER! IRGENDWAS IST MIT DEM KNALLER! HAT ER SICH BEI DIR GEMELDET?!
HALLO?!
HAT DER FILIALLEITER SICH BEI DIR –
ICH SAG NICHTS, ICH SAG NICHTS, ICH SAG NICHTS.
BOAH PAUL, DU BLÖDE SAU!!!

Hallo, Paul Niemöser! Vielen Dank für «Barry Hoden – Im Weltall hört dich keiner grunzen»! Sogar mit schmutzigem Gedicht, wow! Wir sollten demnächst mal telefonieren oder skypen! Gruß von der Subbelstraße, Bastian Knaller

DU HAST DICH IMMER NOCH NICHT BEI IHM GEMELDET?!
NEIN.
ER WIRD DENKEN, DU HAST KEIN INTERESSE!
ER WILL SKYPEN!
MEINST DU, ICH BIN IHM ZU DICK?!
WAS?
ODER ZU KLEIN? ZU ALT, ZU GRAU?! SOLL ICH MIR DEN BART FÄRBEN?
BLOSS NICHT! DANN ENDEST DU WIE GUSTAV VON ASCHENBACH!
WER IST GUSTAV ASCHEN-BACH?
OH GOTT, ABER WIRKLICH! SCHÖN-HEIT, TRAGISCHE ALTERSGEILHEIT, HAARTÖNUNG UND EPIDEMIE! PAUL, ICH MACH MIR ERNSTHAFT SORGEN!
WOVON REDEST DU? WER IST GUSTAV VON ASCHENBACH?!
FURZ
DER TOD IN VENEDIG. NOVELLE VON THOMAS MANN. OPER VON BENJAMIN BRITTEN. FILM VON LUCHINO VISCONTI.
PAUL, GEH NICHT AN DEN BADESTRAND!

NEIN, NEIN, DU STÖRST NICHT! ICH MACH GRAD MEINE GURKENMASKE!
WAS?! DU HAST MICH DOCH ANGERUFEN!
BIN FROH, DASS ICH MAL 'NE STUNDE ALLEIN BIN! KAUM IST DER KURZE 20 MINUTEN BEIM ALDI, NIMMT MEIN MANN MICH AUF'M KÜCHENTISCH! EIN GLÜCK, ICH BRAUCHS AUCH! IST JA GRAD WIE SEX IM KNAST!
VOLL IM DRUCK, DER KERL!
CORONA: ES REICHT LANGSAM!
AUF WAS FÜR IDEEN PORKY KOMMT, NACH SECHZEHN JAHREN EHE! OHNE WORTE, ABER ICH KÖNNT EH NIX SAGEN, ATME DABEI MAL! DANACH IST MEIN LIPPENSTIFT AUF'M STEISSBEIN, UND DIE WIMPERN KLEBEN IRGENDWO IN SEINER UNTERHOSE!
CAESAR SIEHT DAS NATÜRLICH, WENN ICH SO RAMPONIERT BIN, WIR SIND IHM WOHL PEINLICH! WIR SIND PEINLICHE ELTERN, HIHI...
UND KONRAD UND DU SO?!
WIR SIND AUCH ZUFRIEDEN!
CORONA: IST GUT JETZT!

ICH SKYPE GLEICH MIT DEM KNALLER! UND ICH BIN GANZ COOL!
ZWEIFELLOS!
DER HAT SICH WOCHENLANG NICHT GEMELDET, DABEI HAB ICH IHM EINEN HODEN SIGNIERT!
MIT GEDICHT! DA KANN ER RUHIG ETWAS KLEINLAUT SEIN!
IST ER BESTIMMT!
ICH WERD EIN BISSCHEN MIT IHM PLAUDERN, UND GUT IST'S!
TU DAS.
DER SOLL NICHT DENKEN, DASS ICH'S NÖTIG HAB, IHN ZU RIMMEN!
DENKT ER SICHER NICHT.
GUT!
HALLO, PAUL NIEMÖSER!
?!
ÄH... OK?! VERSUCHEN WIR'S SPÄTER NOCHMAL?

DER KNALLER WILL NOCHMAL MIT MIR SKYPEN! HOFFENTLICH SCHAFFE ICH'S DIESMAL, IHN NICHT NUR ANZUGLOTZEN UND GUTTURALE LAUTE VON MIR ZU GEBEN!
DER IST SOLCHE REAKTIONEN GE-WÖHNT.
ER FAND MICH IMMERHIN LUSTIG. DU HÄTTEST SEINE GRINSE SEHEN SOLLEN!
NA KLAR, DU MACHST DICH AUCH KOMPLETT ZUM AFFEN!
JA, ICH MUSS COOL SEIN! ER IST SCHLIESS-LICH MEIN FAN!
ER IST DEIN FAN?!
NA HALLO, ICH BIN DER BEKANNTE SCIENCE-FICTION-AUTOR! ER HAT ALLE BARRY HODENS GELESEN! DA BIN ICH MAL ETWAS HERABLASSEND!
DU WIRST HERABGELASSEN MIT DER NASE AN SEINEM BALLUNGS-ZENTRUM WINSELN, DU BEKANNTER AUTOR!
NUR ZUR RECHERCHE!
ICH GLAUB NÄMLICH, ER WILL ERNSTHAFT, DASS ICH IHN IN MEINEM NEUEN ROMAN VEREWIGE!
ACH JA. DER WELTRAUM, UNENDLICHE TIEFEN!
PAUL, DAS ENDET IM SCHLURCHLOCH! LASS DIE FINGER VON DEM!
ICH LASS IHN JA NUR EIN BISSCHEN ZAPPELN!

HI!
KRÄCHZ...
GEHT'S JETZT?
MOMENT... MUSS MEINE...
MASKE...
?!
BESSER.
HI...

WOCHENLANG WARTESCHLANGEN VOR MEINEM REWE! ERST NUR SCHWULE, DANN NACH DEM EXPRESS-ARTIKEL AUCH FRAUEN! DAS HÖRTE ERST MIT DER MASKENPFLICHT AUF!
ENSCHULDIUN... KRÄCHZ...
DIE GLOTZTEN MICH AN, ALS WÄR ICH'N ZOOTIER! ABER OK, DANKE FÜR DEN UMSATZ.
SAG MAL, DU WILLST MICH ECHT NICHT ANGUCKEN, ODER WAS?!
VIELLEICHT NÄCHSTES MAL...
HAHA, DU BIST LUSTIG!
HAHA.
SOO GEIL SEH ICH NUN AUCH NICHT AUS...
NEIN, DIE ÜBERTREIBEN ALLE.
BOAH, ABER SCHEISSWARM HIER... BIN UNTERM DACH! OK, WENN ICH MEIN HEMD AUSZIEHE?
?!!

HALLO ?! ICH HAB GEFRAGT, OB ES OK IST, WENN ICH MEIN HEMD AUSZIEHE.
JA, ZIEH DEIN … KRÄCHZ …
WEISSNICH …
WEISST NICHT? ICH BIN DOCH SO EIN GEILES GESCHOSS, STAND IM EXPRESS! DEINE WORTE!
ENTSCHULDIGUNG …
UND GEILE GESCHOSSE SCHWITZEN UNTERM DACH!
STÖHN …
OK, ICH KNÖPF MICH NUR OBEN EIN BISSCHEN AUF …
KNALLER … ICH STEH DAS NICHT DURCH! LASS UNS FÜR HEUTE SCHLUSS MACHEN, VIELLEICHT … KRÄCHZ …
TJA, SCHLECHT JETZT, NE? KANNST GAR NICHTS SEHEN!
KEUCH …

SO, ICH HAB MEIN HEMD EIN BISSCHEN AUFGEKNÖPFT! STÖRT DICH JA NICHT.
NEIN.
KANNST JA EH NICHTS SEHEN.
JA.
RÖCHEL
MEIN GESICHT HÄLTST DU JA KAUM AUS...
NEIN.
OK. DIE CAM IST JETZT NUR AUF MEINEM OBERKÖRPER. ABER DU WILLST JA NICHT HINGUCKEN.
STÖHN...
LOS, NIMM DIE MASKE AB!
ICH KANN NICH...
NIMM DIE SCHEISSMASKE AB!!
DAS WIRD DER FIESESTE CLIFFHANGER ALLER ZEITEN...
EGAL!
SCHNAUF...

SIEHST DU, IST DOCH GAR NICHT SO SCHLIMM!
FIEP...
WAS HAST DU DIR BEI DIESEM GEDICHT GEDACHT, DAS DU MIR IN DEN BARRY HODEN GESCHRIEBEN HAST?
FIEP...
„UND DEINE BRUST, DIE SCHÖN BEHAARTE, GIBT'S DIE AUF REWE-PAYBACKKARTE?"
SCHNAUF...
DU KENNST MICH DOCH GAR NICHT, WIE KOMMST DU DAZU, MIR SOWAS ZU SCHREIBEN?
HE!!! ICH SEHE DAS!!
?!
ENTSCHULDIGUNG!!!
OK, GENUG FÜR HEUTE?
JA... BITTE...
ICH RUF DICH WIEDER AN! UND DANN REISS DICH MAL ZUSAMMEN!
ENTSCHULDIGUNG!!!
ABER ERST ZIEH ICH NOCH MEIN HEMD AUS.
NEIN!

OK, SCHLUSS FÜR DIESMAL!
UND TSCHÜSS! ICH MELDE MICH.
HAHA, DU BIST LUSTIG...
HRGRKS...
BYE!
KLOPF KLOPF
PAUL, WEISST DU, WO DER -
?!
PAUL?!
PAUL?!!
DER FILIALLEITER?! DU HAST MIT DIESEM FILIALLEITER GE-SKYPT?!! ICH DACHTE, DU HAST'N SCHLAGANFALL ODER SO WAS!!
GEH DU MAL'NE WEILE ZUM REWE, ICH WERD ZU ALT FÜR DEN SCHEISS!

ACH KONRAD, ICH FRAG MICH SEIT JAHRZEHNTEN, WIE DU DAS AUS-HÄLTST. DU TUST MIR IMMER EIN BISSCHEN LEID...
WIESO DAS DENN JETZT?!
NAJA, DU UND DEIN PAUL...
WENN GUIDO SO UNGENIERT AUF EINE REWE-FILIALLEITERIN ABHECHELN WÜRDE, GÄB'S DAS WORT ZUM SONNTAG!
JA, IHR HETEROS SEID AUF EIFER-SUCHT PROGRAMMIERT! KINDER UND SO, DA HÄLT MAN DEN ERZEUGER AN DER LEINE!
JETZT WERD NICHT BIOLOGISTISCH!
NA, IHR MACHT DOCH MEHR KULT UM DEN SEX ALS WIR!
WOZU SOLL ICH PAUL SEINE LIBIDO VER-BIETEN?! ICH KÖNNTE GENAUSO GUT VERLANGEN, DASS ER SICH'N ARM AB-SCHNEIDET!
WIR SIND SEIT DREISSIG JAHREN ZUSAMMEN, DA GIBT'S WICHTIGERES ALS SEX!
ICH LIEBE PAUL! ICH PASS'N BISSCHEN AUF IHN AUF, MIT IHM IST IMMER WAS LOS, ES WIRD NIE LANG-WEILIG! ES IST, WAS ES IST!
JA, ABER... WIE HÄLTST DU DAS AUS?!
STÖHN...

WIESO BIST DU SO VERKLEMMT, SO KENNT MAN DICH GAR NICHT! DER SPIELT MIT DIR! SPIEL MIT!!
ER IST SO JUNG UND STRUNZGEIL, UND ICH BIN EIN ALTER SACK.
JA, DAS STIMMT.
SOUTH PARK
GEHT DAS WIEDER LOS! DU BIST KEIN ALTER SACK, DU BIST NUR DICK UND GRAU! DA STEHEN TYPEN DRAUF! DIE GANZE BÄRENSZENE BRUMMT!
UND ICH HAB NICHT MEHR NACH FÜNFZEHN SEKUNDEN EINEN HART, SONDERN ERST NACH EINER MINUTE ACHTUND-DREISSIG.
MIT ODER OHNE CIALIS?
MIT.
OK. ABER ER HAT SICHER GEDULD.
PAUL, VERGISS DAS! DU MUSST AUF DEINE WÜRDE ACHTEN!
SOUTH PARK
NA TOLL, AUF WAS FÜR'NE WÜRDE SOLL ER DENN PLÖTZLICH ACHTEN?!
NAJA ... ER GEHT AUF DIE SECHZIG ZU!
DU BIST NUR EIFERSÜCHTIG!
PAUL WAR SCHON OFT GENUG PEINLICH!
UNTERHALTET EUCH RUHIG WEITER!
SOUTH PARK

UND WAS MUSS ICH JETZT DAMIT MACHEN ?!
NA, RAUCHEN! ICH HAB DIR'NE PURPFEIFE DAZUGELEGT, WEIL DU DOCH KEINEN TABAK...
QUATSCH, ICH BIN FAST NEUNZIG!
NA KLAR TABAK!! UND DANN TANZ ICH HIER RUM WIE EIN BLUMENKIND ODER WAS ?!
HIPPIES GIBT'S SEIT SECHZIG JAHREN NICHT MEHR, ABER DU DARFST DIE JUGENDKULTUR GERN WIEDERBELEBEN!
GUT, ICH TU MEIN BESTES!
TU VOR ALLEM NICHT ZU VIEL REIN, SONST KLAPPST DU MIR NOCH AB! UND GRAS RIECHT! DEIN PFLEGER HAT VIELLEICHT AHNUNG!
GENAU! DANN DREHT DER MIR SO'NE ZIGARETTE!
JA. ODER ICH KRIEG RICHTIG ÄRGER!
DEINE OMA TILLA HAT DAS ZEUG GERN IN SO'NEM GLASDING GERAUCHT, DA KAM WASSER REIN, UND DAS BLUBBERTE!
BONG. ICH KANN NICHT GLAUBEN, DASS ICH DIESES GESPRÄCH MIT MEINEM VATER FÜHRE!
UND SEH ICH DANN UFOS UND SOWAS ?!

SO, ICH HAB DAS JETZT GERAUCHT!
UND?!
ENTTÄUSCHEND! MIR IST NUR EIN BISSCHEN SCHWUMMERIG!
HM.
DAS SOLL BESSER SEIN ALS ALKOHOL?
GIB IHM ZEIT...
KEIN MEER AUS LICHT UND FARBEN, ODER WIE HAT DIE DAMALS IMMER GESUNGEN, WIE HIESS DIE NOCH?! JULIANE WIRSING!
WERDING. AM TAG, ALS CONNY KRAMER –
JA, DIE WAR HEISS, DIE KLEINE! WEGEN DER HAB ICH IMMER ZDF-HITPARADE GEGUCKT, MIT DEM HECK!
KEINE AHNUNG... WAR ICH NOCH ZU KLEIN.
ABER VOR DER WIRSING MUSSTE MAN ERST DIESEN NICKY SCHÄM ERTRAGEN, DER HATTE IMMER DAS HEMD BIS UNTEN OFFEN UND DIE HAARE DA ÜBERALL!!
JA, DAS WEISS ICH NOCH! OH MEIN GOTT...
ICH HAB JETZT LUST AUF'N BRATHÄHNCHEN!
ODER 'NE SCHWARZWÄLDER KIRSCHTORTE!
RICKY SHAYNE...
OH MAMY... OH MAMY MAMY BLUE, OH MAMY BLUE...
FIEP...

PLATZ DA, WARMER BRUDER, GLEICH KOMMT RICKY SHAYNE!
BIN KEIN WARMER BRUDER.
DU WEISST JA NICHT MAL, WAS DAS IST, SCHWULI!
DU AUCH NICH…
My Boy LOLLIPOP…
BEI MAGGIE MAY HECHELST DU NICHT MIT DER ZUNGE, ALSO WARMER BRUDER!
ICH HECHEL DOCH MIT DER ZUNGE BEI MAGGIE MAY!
MACHST DU NICHT!
GUCK DOCH!
…PLATZ NUMMER VIER, HIER IST RICKY SHAYNE MIT „ICH WILL DICH GANZ FÜR MICH" !!!
HOFFENTLICH IST SEIN HEMD WIEDER WEIT AUFGEKNÖPFT!
JA!
SIEHSTE, WARMER BRUDER!
ISCH WILL DISCH GANZ FÜR MISCH FÜR ALLE ZEITEN WILL IMMER BEI DIR SEIN UND DISCH BEGLEITEN…

RICKY SHAYNE!
WAS?
RICKY SHAYNE! DER HATTE AUGEN! UND'N MUND!
JA... WAR JA AUCH SÄNGER...
EDELTRAUT HATTE EIN ORIGINAL-AUTOGRAMM VON RICKY SHAYNE!!
DAS IST SICHER AUF EWIG UNVERZEIHLICH...
JETZT KOMMT MIR ALLES WIEDER HOCH! SIE HATTE SOGAR DEN BRAVO-STARSCHNITT! DA HATTE ER DAS HEMD OFFEN BIS ZUM BAUCHNABEL!!! DAS KLEBTE SCHAMLOS IN IHREM ZIMMER!!!
EIN TRAUMA.
ICH DACHTE, SIE HAT MIR DIE PUBERTÄT VERSAUT MIT IHREM JUNGSVERSCHLEISS, ABER NUN AUCH NOCH DIE VORPUBERTÄT!!
PAUL, ICH WEISS VON EINER SEHR GUTEN THERAPEUTIN, DIE-
BRAUCH ICH NICHT, MIR IST ALLES KLAR!

HIER, ICH WILL MIR DIESE CORONA-APP INSTALLIEREN UND BIN WIEDER ZU BLÖD DAZU! MACH DU MAL!
DU MEINST, DAS BRINGT WAS?
JE SCHNELLER DER SCHEISS AN UNS VORBEIGEHT, UMSO BESSER! ICH WILL IM NOVEMBER MEINEN GEBURTSTAG FEIERN, MIT UMARMUNGEN OHNE SICHERHEITSABSTAND UND KÜSSCHEN OHNE MUNDLAPPEN! AUSSERDEM-
PIEP PIEP PIEP
PIEP PIEP PIEP PIEP PIEP PIEP PIEP
OH GOTT! CORONA! DU HAST CORONA, ICH HAB CORONA, ALLE IN DIESEM LADEN HABEN CORONA!!!
ES IST NUR DEIN WECKER!
?!
DAS MIT DER APP GEHT NICHT, DEIN HANDY IST ZU ALT!
AH! GUT! ICH GLAUB, SO GENAU WILL ICH'S DOCH NICHT WISSEN...
ICH GLAUB'S AUCH.

KEUCH…
WINSEL…
FIEP…
MEIN GOTT, PAUL, WAS IST LOS MIT DIR?! DU KANNST WÄHREND EINER PANDEMIE KEINE DATES MACHEN! REISS DICH ZUSAMMEN!
ICH BIN ALS KIND IN DEN TESTO-STERONTOPF GEFALLEN!
REISS DICH ZUSAMMEN, DU BIST 56!! DA WAR DOCH MAL WAS MIT HERBST IN DER HOSE!!
DA WAR AUCH HERBST!! JETZT IST JUNI!!!
HAT MEIN DOC BESTÄTIGT, NOCH KURZ VOR CORONA! ICH HAB'N HORMONSPIEGEL WIE EIN SIEBZEHNJÄHRIGER!!!
OK, DAS MACHT MICH JETZT EIN BISSCHEN AN! KANN ICH DIR IRGENDWIE HELFEN?
DU BIST EIN ALTER, GEILER JUGENDFETI-SCHIST, ABER OK…

KOMM, WIR GUCKEN IRGEND-WAS AUF NETFLIX!
ABER KEINEN SCHWACHSINN.
NICHTS MIT HORROR! NICHTS MIT HYSTERISCHEN TEENAGERN! AUCH KEINE GUTGELAUNTEN TEENAGER! GAR KEINE TEENAGER!
OK...
NICHTS BRUTALES! UND KEIN MYSTERY, DIESER ESOTERISCHE QUATSCH!
KEINE ZWERGE UND ELFEN! KEINE ALBERNEN COMEDYS, KEINE NERVEN-AUFREIBENDEN THRILLER, DA KANN ICH NICHT SCHLAFEN!
OK.
BITTE KEIN SCIENCE-FICTION!
KEINE DRAMEN, IST GRAD ALLES DRAMA GENUG! NICHTS MIT GUT-AUSSEHENDEN SCHAUSPIELERN, ABER SCHLECHTEM DREHBUCH! KEINE GESTALTENWANDLER UND VAMPIRE!
OK, WIR GUCKEN NICHTS AUF NETFLIX.

OK, NETFLIX... EINE DURCHGEKNALLTE SCHÜLERIN HAT EIN GEHEIMNIS: SIE TÖTET NACHTS IM WALD RIESEN.
NEIN.
ALIENS HABEN EIN GEHEIMLABOR DER US-REGIERUNG BESETZT.
NEIN.
EINE GRUPPE TEENAGER ENTDECKT IN EINEM ABGELEGENEN FREIZEITPARK EIN LOCH IN DER ERDE, IN DEM DAS TOR ZUR VAMPIRWELT –
NEIN.
EIN URALTER FLUCH HAT EINEN DÄMON –
NEIN.
EIN RÄTSELHAFTES VIRUS BEFÄLLT DIE MENSCHHEIT – NEIN! EINE FRAU, DIE DER APOKALYPSE ENTKOMMEN IST UND IN EINEM SCHNELLIMBISS LEBT, HAT KEINE AHNUNG, DASS SIE DEN MESSIAS GEBÄREN WIRD.
NEIN.
EIN ANSPRUCHSVOLLER KLAVIERSPIELER AHNT NICHT, DASS ER DEM NEBEN IHM SITZENDEN SCIENCE-FICTION-AUTOREN GLEICH EINEN BLÄST.
DAS STEHT DA NICHT.

VERSTORBENE MENSCHEN WERDEN WIEDER ZUM LEBEN ERWECKT UND MÜSSEN MIT HIGHTECH-WAFFEN EINE MONSTERARMEE BEKÄMPFEN.
OK, VERGISS NETFLIX! ICH KÖNNTE DIR MAL WIEDER WAS VORLESEN, WIE FRÜHER ...
LITERATUR? AU JA!
ICH HAB GRAD KURZGESCHICHTEN VON EINEM AMERIKANER, JAMEL BRINKLEY. „UNVERSCHÄMTES GLÜCK"
OK! MOMENT, ICH HOL DIE CHIPS!
KANN'S LOSGEHEN?
JAU!
OK.
ICH LIEBE DICH.
ICH DICH AUCH.
„WIR NÄHERTEN UNS DER HALTESTELLE EINER U-BAHN-STATION, DIE ICH NOCH NIE GENOMMEN HABE, UND CLAUDIUS SAH SICH NACH MIR UM. WO IMMER UNS DIESE NACHT HINFÜHRTE, WIR WÜRDEN IHR BIS ANS ENDE FOLGEN."
KRATSCH
KNURPS
MACHST DU DEN TON LAUTER?

ICH HAB'N PAAR TAGE MIT IHM HIN UND HER GECHATTET ...
ER SAH GUT AUS, SCHIEN KLUG UND WITZIG ZU SEIN!
UND DANN SCHICKT ER MIR PLÖTZLICH'N FOTO VON SEINEM DING!
UND DAS WAR'S DANN NATÜRLICH!
SEKT?
DANKE.
WIESO? ZU KLEIN? ZU DÜNN, ZU KRUMM?
WAS?! ICH HAB NICHT HINGEGUCKT! LÖSCHTASTE, SCHWANZ WEG UND DER TYP GLEICH MIT!
WAS IST GEGEN SCHWANZFOTOS ZU SAGEN? ICH HAB 'NE GANZE SAMMLUNG DAVON!
MR
PAUL...
JAA, PAUL, JETZT KOMMT WIEDER DIE ARIE, DASS WIR HETEROS IM ALLGEMEINEN UND FRAUEN IM SPEZIELLEN JA SOO VERKRAMPFT SIND UND IHR SCHWULEN UND SPEZIELL DU JA SOO LOCKER ...
ER SAH GUT AUS UND WAR WITZIG, UND NUN HAT ER AUCH NOCH'N SCHWANZ! UND?!
PAUL...

ALSO ICH FREU MICH IMMER ÜBER GEILE SCHWANZFOTOS! VOR ALLEM, WENN SIE UNAUFGEFORDERT KOMMEN!
PAUL, ICH HAB DICH LIEB, ABER DU BIST EIN MANN! FÜR UNS FRAUEN IST DAS WAS ANDERES!
ICH MELD MICH SCHON, WENN ICH SEINEN PIMMEL SEHEN WILL! TYPEN, DIE ES NÖTIG HABEN, DAMIT SCHON ONLINE ZU WEDELN –
ABER ER SAH GUT AUS! KONTER DOCH EINFACH MIT'M MÖSENPIC!
ABGESEHEN DAVON, DASS ICH DEN BEGRIFF MÖSE NICHT WIRKLICH MAG –
PIMMEL KLINGT AUCH NICHT RESPEKTVOLL!
PROST...
WILLST DU MEINE SCHWANZFOTOSAMMLUNG MAL SEHEN?
SCHWULE SCHWÄNZE?
NA KLAR SCHWULE SCHWÄNZE! EIN UNAUFGEFORDERT ZUGESCHICKTER HETEROSCHWANZ WÄR DIE BLAUE MAURITIUS!
AU JA!

DU HAST EIN GANZES SCHWANZ-FOTOALBUM ?!
ALLE HOCH-WERTIG AUS-GEDRUCKT! DAS HIER IST JAHR-GANG 2016!
PAUL HAT MEHR ORDNUNG BEI SEINEN DICKPICS ALS ICH BEI MEINEN KLAVIERNOTEN.
UND DAS WILL WAS HEISSEN!
ES GEHT GLEICH MIT EINEM HIGH-LIGHT LOS! DAS IST DANIEL AUS BERLIN!
DER HAT ÜBERHAUPT HEUTE GEBURTS-TAG. MUSS NOCH GRATULIEREN!
ICH BIN BEEINDRUCKT.
JA, ODER? DER IST WIRKLICH ANSEHNLICH!
21 x 6!
VIELLEICHT EIN BISSCHEN ZU LANG…
ZU LANG?!!

MILLIE, ICH HAB DAS BETT BEZOGEN, DAS GÄSTEZIMMER IST DEINS!
ICH MAG, DASS DER SO NACH LINKS GEBOGEN IST!
JA, DER HAT WAS.
DER DA IST AUCH NETT.
DAS IST DERSELBE.
ACH SO.
DAS IST ALEX AUS GUMMERSBACH.
DU WEISST VON JEDEM SCHWANZ DEN NAMEN?
GESICHTER MERK ICH MIR WENIGER.
DEN FIND ICH ABER NICHT SO SCHÖN.
DOCH.
DER IST IN DER MITTE SO DICK!
JA, WIE SO'NE SEEGURKE... GEIL.
MILLIE? ICH HAB DAS BETT FRISCH BEZOGEN!
OH MEIN GOTT!!
FELIX AUS VALENCIA.

DER HÄLT DIE ZIGARETTEN-SCHACHTEL BESTIMMT EXTRA DANEBEN, DAMIT ALLE SEHEN, WIE GROSS DER IST.
DIE FRAU IST SCHLAU.
IST DAS NICHT UNPRAKTISCH?
UNPRAKTISCH?
NA, DEN KRIEGT MAN DOCH KAUM IRGENDWO REIN! DA HÄTTE ICH ANGST...
NÖ, ALSO...
OK. ICH NEHME AN, DER ANDERE NOTEINGANG FUNKTIONIERT DANN AUCH.
HAL, ÖFFNE DAS GONDELSCHLEUSEN-TOR!
HIER! MARIO AUS BONN! VON DEM HAB ICH AUCH DEN ARSCH.

UND DEIN FILIALLEITER? IST DER AUCH DABEI?
OOPS! HAB ICH WAS FALSCHES GESAGT?
SENSIBLES THEMA. SIE HABEN MAL GESKYPT, ABER NUN MELDET DER SICH NICHT MEHR!
OH. SORRY, TUT MIR LEID. UND ICH FRAG NACH SCHWANZ-FOTOS!
JA, LIEBER THEMA WECHSELN.
OBWOHL… DIE HOFFNUNG BÄUMT SICH DER ENTTÄUSCHUNG MACHTVOLL ENTGEGEN!
SCHNAUF…

ALSO ... ICH WÜRD DEN JA WIRKLICH GERN MAL SEHEN, DIESEN FILIALLEITER.
DA BIST DU NICHT DIE EINZIGE.
STÖHN ...
PAUL, DU HAST DOCH DIESES OFFIZIELLE REWE-FILIALLEITERFOTO ...
FOLGE MIR, FRAU ...
RUMS!
ICH VERSTEH JA DIE AUFREGUNG NICHT, ABER ICH HAB'S AUCH NICHT SO MIT VOLLBÄRTEN ...
OK, ER HAT SCHÖNE AUGEN UND'N SINNLICHEN MUND UND DIESE WEISSEN ZÄHNE, ABER –
?!!

OK, ICH BIN NEBENAN UND SORTIERE UNSERE NOTEN FÜR MORGEN!
ALSO... ICH BIN EIN BISSCHEN BETRUNKEN, ABER DER IST JA WOHL DER KNALLER!
WIE RECHT DU HAST.
DER IST JA WIRKLICH BILD-SCHÖN! DEN KANN JA KEINER MALEN!
NEIN, DEN KANN MAN NUR RIMMEN.
HAST DU DEM EIN DICKPIC GESCHICKT?!
WAS? NEIN.
DU HAST DEM KEIN DICKPIC GESCHICKT?!!
NUR EIN SCHMUTZIGES GEDICHT. FAND ER DOOF.
ZUR STRAFE HAT ER SICH VOR DER WEBCAM SEIN HEMD AUS-GEZOGEN.
WIR SCHICKEN DEM JETZT SOFORT EIN DICKPIC!
BOAH, FRAU...
MRB

WARUM BIST DU NOCHMAL HIER?!
WEIL ICH MIT KONRAD KAMMERMUSIZIERE! ICH BIN DIE VIOLINE.
DU BIST DIE VIOLINE?!
LENK NICHT AB, SCHWANZFOTO!
VOR ALLEM SCHICK ICH DEM KNALLER 'N SCHWANZFOTO!
WAS IST LOS MIT DIR, WIRST DU ALTERS-SERIÖS?
GENAU! DER IST JUNG, DER IST SEXY, DER IST UNERREICHBAR!!!
QUATSCH. UNERREICHBAR IST 'NE ANSTÄNDIGE RÜCKZAHLUNG VOM FINANZAMT! LOS, SCHWANZFOTO!
ICH BIN BETRUNKEN UND WERDE DAS JETZT NICHT TUN!
MANCHE DINGE MUSS MAN BETRUNKEN TUN, WEIL MAN NÜCHTERN ZU GEHEMMT IST, SICH ZU BLAMIEREN.
AUCH WIEDER WAHR.

LOS, SCHICK IHM UNAUFGEFORDERT EIN SCHWANZFOTO! SUCH DU EINS AUS, ICH GUCK AUCH NICHT HIN!
DANKESCHÖN, DASS DU NICHT HINGUCKST!
MIT SPÄTESTENS SECHZIG HÖR ICH AUF MIT DEM SEX! WIRD JETZT SCHON PEINLICH! MAN SIEHT SCHEISSE AUS, HÄLT KEINEN MEHR HART UND MACHT SICH VOR DEN KNALLERN ZUM TROTTEL!
DER KÜCHENTISCH FAND DICH GRAD TOLL!
OK, BIS FÜNFUNDSECHZIG! ABER DANN!!
NIMM DAS DA LINKS, WO MAN HINTEN WAS VON DEINEM GESICHT SIEHT!
AARRGH!!!
WUSCH!
FRED 20

WAS BIST DU EIGENTLICH FÜR'NE VIOLINE ?!!
ALLES GUT, ICH HAB SCHON MAL PENISSE GESEHEN!
ABER DOCH NICHT MEINEN!
DER IST OK. KURZ UND DICK, FRAUEN-GLÜCK!
FRAUENWAS ?!, WIESO KURZ ?!
NICHT IN RELATION ZUR KÖRPERGRÖSSE! DU HAST EINEN SEHR SCHÖNEN PENIS! DÜNN UND LANG MACHT FRAUEN BANG!
SCHEISSE, WAS HAB ICH GETAN ?!!
DU HAST DEM KNALLER EIN DICKPIC GESCHICKT! IST DOCH GUT! ICH DACHTE, IHR SCHWULEN SEID SO COOL!
MrB
ABER MIT GESICHT!!
MIT GESICHT ?!!

DU HAST DIESEM MANN EIN PENISFOTO GESCHICKT?! MIT GESICHT?!!
SIE HAT AUF MEINEN SCHWANZ GEBUCKT, ICH HAB MICH ERSCHROCKEN UND WUSCH!!!
WIESO HAST DU PENISFOTOS MIT GESICHT IM RECHNER?!
HAT MAN DOCH SO...
PAUL, DU BIST EIN BEKANNTER BUCHAUTOR!!
NAJA, ABER NUN KEIN HÖLDERLIN ODER SO...
SCHADE, VON DEM GIBT ES KEINE DICKPICS AN SCHILLER!!!
MRB
ICH MEINE NUR, WER BARRY HODEN-LIEST-
PAUL, DAS IST DAS INTERNET! DEN SCHWANZ KRIEGST DU NIE WIEDER DA RAUS!!
SIE HAT ANGEFANGEN MIT SCHWANZFOTOS UND DU MIT SEKT!
WAR AUCH NUR'N GANZ ALTES FOTO, DA SAH ER NOCH RICHTIG SEXY AUS! NIEMAND WIRD IHN ERKENNEN!
AARGH!!!
MRB

HI SPARGEL. WIE GEHT'S?
GEHT SO. IST WIEDER SOMMER, ÜBERALL LAUFEN SIE RUM! NICHT AUSZUHALTEN!
SAGAT, PFUI!
KANN DAS MIT DER VOLLBARTMODE MAL AUFHÖREN? ÜBERALL DIESE GEILEN KERLE! ICH TRAU MICH KAUM MIT DEM HUND RAUS!
HM.
WAS IST EIGENTLICH MIT DEINEM KNALLER? HAT DER SICH MAL GEMELDET?
NEIN.
SAGAT, HÖR AUF ZU LECKEN!!
NEIN? BESSER SO! DER HAT SICH VOR DER CAM DAS HEMD AUSGEZO-GEN, DAS ZEUGT VON ZU VIEL SELBST-BEWUSSTSEIN.
JA, ICH STRAHLE SOWAS AUS.
DU BIST MITTE FÜNFZIG, GLAUB MIR, DAS WÜRDE PEINLICH.
NEIN, DA ACHTE ICH DRAUF. ICH HAB IHM NUR EIN SCHWANZFOTO GESCHICKT.
DU HAST WAS?!
JA JA, IST WIEDER SOMMER! NICHT AUSZUHALTEN.
DU HAST WAS?!

DU HAST IHM EIN SCHWANZ-FOTO GESCHICKT ?! WOLLTE ER DAS ?!!
NEIN.
SAGAT, HÖR AUF !!
BIN ICH JETZT PEINLICH ?
NAJA... WIE LANGE IST DAS HER ?
VIER TAGE.
UND NOCH KEINE REAKTION ?
NEIN.
OK, DANN IST ES PEIN-LICH.
SAGAT, SCHLUSS !!
KONRAD IST STINKIG, WEIL MEIN GESICHT MIT DRAUF IST !
WIE: SCHWANZFOTO MIT GESICHT ?
NA, VORNE SCHWANZ GROSS, HINTEN GESICHT KLEIN !
ACH SO. WARUM MACHST DU SOWAS ?
KEINE AHNUNG. WIRD MIR MIT DEM ALTER AUCH ZU ANSTRENGEND MIT DEM SEXTRIEB ! ICH LASS MIR DIE EIER ABNEHMEN.
DA KENN ICH NOCH EINEN !!!

MOIN.
MORGEN.
GUTEN MORGEN...
GÄHN...
?!!
RUMS!!

ABER DAS IST DOCH KEIN ARSCHLOCH!
DANN HÄT ICH'S EUCH AUCH NICHT GEZEIGT! ES IST SEIN BAUCHNABEL! ABER ALS ICH GESTERN DEN COMPUTER ANSCHMISS...
...DACHTEST DU, ES IST SEIN ARSCHLOCH.
BONER MAGAZINE
DIESER BAUCHNABEL IST NICHT AUSZUHALTEN, DAS IST DER SCHÖNSTE BAUCHNABEL DER WELT, ICH KANN DA GAR NICHT MEHR HINGUCKEN!
UND HAT ER WAS DAZU GESCHRIEBEN?
„HI, SIND IM URLAUB, MELDE MICH! B. KNALLER."
NICHTS ZU DEINEM DICKPIC?
NEIN.
WIR SIND IM URLAUB! SIEHST DU, ER HAT'N EIFERSÜCHTIGEN FREUND ODER GATTEN! DARUM MELDET ER SICH SO SELTEN!
NEIN, ER MEINT BESTIMMT SICH UND DEN BAUCHNABEL!
PAUL, SOLLTEST DU JEMALS EIN PIC VON SEINEM ARSCH HABEN UND ZEIGST ES MIR NICHT...
DANN?
...WERDE ICH DICH HASSEN!
DAS IST ES MIR WERT.

JA WAS, NA KLAR SIND WIR AUF MALLE! WIR HATTEN SCHON FAST OSTSEE GEBUCHT ODER SO'N SCHEISS, ABER DANN FLOGENSE JA WIEDER!
MICH GRABEN HIER ÜBRIGENS GRAD ZWEI ZIEMLICH HAARIGE JUNGS AN ... GAR NICHT DRAUF ACHTEN ...
ICH ACHTE NICHT DRAUF.
ANFANGS WAR'S OK, ABER JETZT DARF MAN NICHT MAL AUS GEMEINSAMEN EIMERN SAUFEN! JEDER HAT'N EIGENEN EIMER! DA MACHT KOMA KEINEN SPASS!
PORKY MUSSTE GESTERN KOTZEN, MACH DAS MAL MIT MASKE!
DIE TYPEN BAGGERN IMMER NOCH! DAS IST DIESES MILF-DING!
WAS?! JAA, CORONA! IN SPANIEN! DOCH NICH AUF MAJORKA!
SIND DOCH NUR DEUTSCHE HIER!
WENN'S DEN SPANIERN HIER NICHT PASST, SOLLNSE ZUR OSTSEE!

?!!
BROTSCH!!!
GRAD STEH ICH BEIM BÄCKER UND MUSS URPLÖTZLICH NIESEN!
UNTER DER MASKE.
UNTER DER MASKE! KANNST JA NICHTS MACHEN! ALLES VOLL ROTZ! KONNTE ZUM GLÜCK KEINER SEHEN!
WEGEN DER MASKE.
WEGEN DER MASKE!
ES WAR SO EKELHAFT!!!
ICH PANISCH RAUS AUS DEM LADEN, DAS MALHEUR BESEITIGEN, DA HAB ICH MEIN CROISSANT NOCH NICHT BEZAHLT! UND KANN JA AUCH NICHT MEHR REIN, OHNE MASKE! BIN ICH JETZT KRIMINELL?!
DU MUSST DIR DIE ROTZFAHNE NOCHMAL VOR'S GESICHT WICKELN!
UND WENN SIE MICH VORM BUNDESGESUNDHEITSAMT AUSPEITSCHEN... NEVER EVER!!!

IRGENDWAS NICHT IN ORDNUNG?
DU MEINST, AUSSER DASS ICH MIT MEINEM VATER AUF'M ALTEN-HEIMBALKON STEHE UND KIFFE?
ICH HAB MICH IN EINEN SEHR GEILEN KERL VERGUCKT UND NUN ÄRGER MIT KONRAD.
HM.
ICH HATTE AUCH 'NE AFFÄRE UND ÄRGER MIT DEINER MUTTER. SOWAS PASSIERT!
DAS IST DAS LEBEN, JUNGE! NIMM, WAS DU KRIEGEN KANNST, DEN KERL UND DEN ÄRGER! HAUPTSACHE, ES PASSIERT WAS! GUCK MICH AN!
MIT 87 PASSIERT NICHT MEHR VIEL ERFREU-LICHES!
AUSSER MIT MEINEM SOHN AUF'M BALKON STEHEN UND HASCHEN!

STIMMT, DU HATTEST EINE AFFÄRE! IM SKIURLAUB! MAMI HAT DAS OFT GEGEN DICH VERWENDET!
INGA! BILDHÜBSCHE DÄNIN, ICH DACHTE, BEI DER LANDE ICH NIE! DA WAR ICH JA SCHON MITTE 40!
DEINE MUTTER BLIEB MIT DEN ANFÄNGERN AUF DEM IDIOTENHÜGEL, INGA UND ICH BEFUHREN DIE OBEREN PISTEN! UND EINES TAGES WAR DEINE MUTTER AUF DEM IDIOTENHÜGEL UND ICH IN INGAS HOTELBETT!
UND ES WAREN DIE HEISSESTEN DREI STUNDEN MEINES LEBENS!
DEINE MUTTER HAT'S NATÜRLICH GEROCHEN, ES GAB MORDSÄRGER, ABER ES WAREN DIE DREI HEISSESTEN STUNDEN MEINES LEBENS, SO IST DAS NUN MAL!
TJA. AUCH SCHON FÜNFZEHN JAHRE TOT, DIE INGA…
UND DER IDIOT IN MEINER HOSE AUCH.
JUNGE, WENN DICH DER SCHÖNE KERL AN DIE WÄSCHE LÄSST, GREIF ZU! DA HAST DU SPÄTER IM SENIORENSTIFT WAS ZU ERZÄHLEN!

UND HAST DU SIE WIEDERGESEHEN, DEINE AFFÄRE?
INGA? OH JA! DIE WAR JA AUCH GANZ WILD AUF MICH!
HAST DU SIE GELIEBT?
ACH, GELIEBT... ICH WAR WIE EIN HEISSER HUND! ICH HAB DEN MOND ANGEHEULT!
ICH WOLLTE INS BETT MIT DER! GELIEBT!
UND MAMI? HAST DU MAMI GELIEBT?
NAJA, SPÄTER FING SIE AN ZU PLAPPERN! PLAPPERTE VON MORGENS BIS ABENDS, PLAPPERTE SOGAR IM SCHLAF!
UND IHRE ANSICHTEN!
BESONDERS DIE IM SCHLAF!
JUNGE, ICH WAR KURZ DAVOR, DIE KOFFER ZU PACKEN UND AB ZU INGA NACH SILKEBORG! ABER DA WARST NOCH DU UND EDELTRAUT!
ALSO WURDE ICH NUR SCHWERHÖRIG! DAS WURDE JA SCHNELL BESSER, SEIT DEINE MUTTER NICHT MEHR DA IST!
JA, FRÜHER HAST DU NUR ‚HM' GEMACHT, WENN MAN WAS ZU DIR SAGTE.
HM.

* Kölner Bestattungsunternehmer

JAA, DICKPICS!! UND?!! BIN ICH DER BUNDESPRÄSIDENT?!!
NEIN, DAS SOLLTE DEUTSCHLAND DIR DANKEN! BUNDESVERDIENSTKREUZ FÜR PAUL NIEMÖSER!!
PEINLICH IST DAS NEUE SERIÖS!!
SAGT WER?!
SAGE ICH! ICH WAR SECHSUNDFÜNFZIG JAHRE UNWÜRDIG, DAMIT FANG ICH JETZT NICHT AN!!!
OH, WIR FREUEN UNS ALLE AUF DEINEN LEBENSABEND! PUBERTÄT KOMMT NIE ZU SPÄT!!!
OK, DARF ICH SCHLICHTEN? PAUL, DU BIST EIN BISSCHEN HYPERSEXUELL!
KONRAD, DU BIST EIN BISSCHEN SPIESSIG.
HA!! HAST DU GEHÖRT?!! ICH BIN HYPERSEXUELL!
ICH BIN SPIESSIG?!!

ICH BIN SPIESSIG, WEIL ICH ES DANEBEN FINDE, PORNOGRAPHISCHE BILDER VON SICH INS NETZ ZU STELLEN?!
DAS MACHEN HYPERSEXUELLE SO!!
PAUL, HYPERSEXUALITÄT BEDEUTET SEXSUCHT! DAS IST NICHTS GUTES!!
ACH, ANDERE SIND SÜCHTIG NACH NUTELLA UND MARIHUANA!
DAS BIST DU AUCH!
MEIN PENIS UND ICH HABEN VIEL SPASS MITEINANDER!! GERNE AUCH MIT ANDEREN PENISSEN!
DAS LASS ICH MIR NICHT WEGPSYCHOLOGISIEREN!
BEGIERDE IST DAS GEGENTEIL VON TOD!!! ERWIN HEMINGWAY!
ER HIESS ERNEST, DU ROMANCIER!! UND ES WAR TENNESSEE WILLIAMS!
ICH WAR NIE ROMANTISCH!! SEX IST BEI MIR, WAS ER IST! STRUNZ TRIEB
RUHE IM KARTON!!!

GENAU, KÖNNEN WIR DEN STREIT BITTE LANGSAM BEENDEN ?! SOGAR MEIN VATER SAGT, ICH SOLL MICH GETROST VORM KNALLER BLAMIEREN!
DEIN VATER ?! WAS HAT DEIN VATER –
EIN LEBENS-ERFAHRENER MANN!
HATTE MIT EINER DÄNIN DEN SEX SEINES LEBENS, ABER WURDE LIEBER TAUB, ALS SICH DESWEGEN VON MEI-NER MUTTER ZU TRENNEN!
SO SIND WIR NIEMÖSERS! NEHMEN ALLES MIT, ABER LASSEN NICHTS STEHEN!
MIT ANDEREN WORTEN, DU VER-LÄSST MICH NICHT, WEIL ICH DEINE DICKPICS MIT GESICHT PEINLICH FINDE!
WENN DU MICH NICHT VERLÄSST, WEIL ICH DICKPICS OHNE GESICHT VERSCHICKE!
OK, DEAL!

WIR HABEN JA BESUCH, SONST WÜRDE ICH SAGEN, LASS UNS VERSÖHNUNGS-FICKEN! DAS KÄME JETZT GUT!
WENN DU DAS VOR UNSEREM BESUCH ETWAS DISKRETER FORMULIEREN KÖNNTEST, KÄM'S NOCH BESSER!
OK, ICH WÜRDE SAGEN: LASS UNS VERSÖHNLICH MITEINANDER SCHLAFEN!
ACH, ICH WOLLTE JA HEUTE INS KINO, IRGEND'N FILM GUCKEN UND VIERZEHN SITZPLÄTZE BELEGEN!
BIS SPÄTER DANN! DER FILM HAT SICHER ÜBERLÄNGE!
JA, DANKE, MILLIE, VIEL SPASS!
TÜR-KLAPP!
OK, BETT ODER...
ERSTMAL HIER AUF'M SCHREIBTISCH!
COOL. WIR SOLLTEN ÖFTER STREITEN.

MIR DÄMMERT JETZT ERST LANGSAM, DASS ES DAS WOMÖGLICH WAR MIT PARTY! UND ZWAR FÜR DEN REST UNSERES LEBENS!
WEGEN CORONA?!
MEIN GEBURTSTAG! WAS SOLL ICH DA STARTEN MIT SICHERHEITSABSTAND UND MUNDSCHUTZ?! KEINE UMARMUNG, KEIN KÜSSCHEN... UND WAS HEISST DAS FÜR WEIHNACHTSMÄRKTE, SILVESTER UND KARNEVAL?!
ACH, WEISSTE...
ICH HASSE WEIHNACHTSMÄRKTE, SILVESTER BIN ICH MELANCHOLISCH UND WIR ALTEN SÄCKE FEIERN EH NICHT MEHR KARNEVAL!
NA, DANN BIST DU JA FEIN RAUS!
ABER ZU DEINEM GEBURTSTAG WÄR ICH NATÜRLICH GEKOMMEN!
DANKE!
MACH DOCH 'NE ONLINE-GEBURTSTAGS-PARTY! ICH BIN HIER ZUM BEISPIEL GRAD BEI MATTHIAS IN HANNOVER, WIR FEIERN SEINE NEUE WOHNUNG!
HAAARGH!!!
FUCK ONLINE!!!

... UND EIN MARQUÉS DE CÁCERES BLANCO!
GRACIAS!
GEILE SAU...
WIR SITZEN HIER DRAUSSEN BEIM SPANIER UND ERGÖTZEN UNS AN UNSEREM NEUEN MUND-NASEN-SCHUTZFETISCH!
AN WAS?
NA, DIE MASKEN!
OBEN SCHÖNE AUGEN UND UNTEN ETWAS BART, ALLES DAZWISCHEN KANN MAN SICH DENKEN!
DER HAT BARTSTOPPELN DEN GANZEN HALS RUNTER!
ÜBERALL HÜBSCHE VERSCHLEIERTE MÄNNER!
MEIN MANN HAT DEM IN DIESER HINSICHT WIRKLICH HINREISSENDEN KELLNER SEINEN GAYROMEO-NICKNAME AUF DEN TISCHDATEN-ERHEBUNGSZETTEL GESCHRIEBEN!
NA, VIELLEICHT MUSS ICH MIT IHM IN QUARANTÄNE!

DIE FINDEN BIS NÄCHSTEN MONAT KEINEN IMPFSTOFF! VERGISS ES!
HALLO?! HIV KAM ANFANG DER ACHTZIGER AUF UND ES GIBT KEINEN IMPFSTOFF!
ABER AN CORONA WIRD WELTWEIT FIEBERHAFT GEFORSCHT, DAS IST NEU!
JA, STIMMT, FÜR AIDS INTERESSIERTE SICH JAHRELANG KAUM 'NE SAU! WAREN JA NUR SCHWULE, DIE VERRECKTEN!
EBEN! DIESMAL GEBEN SIE SICH MEHR MÜHE!
JA, ABER VIRUS IST VIRUS! WIR KÖNNEN FROH SEIN, DASS DRAUSSEN NICHT DIE LEICHEN RUMLIEGEN MIT BLUTENDEN OHREN…
MANN, DU MACHST STIMMUNG! ICH HAB NUR GEFRAGT, OB WIR ZUM OKTOBERFEST –
PAUL, OKTOBERFEST WURDE ZUERST ABGESAGT!
LASS UNS ÜBER WAS NOCH BEDRÜCKENDERES REDEN…
WAS? KLIMAWANDEL? RECHTSPOPULISMUS?
…MEINEN HUND!
SCHNAUF…

ICH DARF IM SOMMER KEINE KURZEN HOSEN TRAGEN! SAGAT HÄNGT AN MEINEN WADEN WIE AN DER STRIPTEASESTANGE!
HECHEL HECHEL
ICH GEB AUF … SOLL ER DOCH! WAS GIBT UNS DAS RECHT, LIBIDONÖSEN MITGESCHÖPFEN DIE LEBENSFREUDE ZU VERBIETEN?
MEINE REDE!
GENAU!
WAS IST MIT DEINEM KNALLER, IST DER LANGSAM AUS DEM URLAUB ZURÜCK?
WIE KOMMST DU JETZT DARAUF, WO DEIN HUND AN DIR RUMSABBELT?!
FIEP…
DIE MITLEIDERREGENDE NOTGEILHEIT. DER GLASIGE BLICK…
DIE GERÄUSCHE…
RUMS!

NEIN! IHR SEID ASOZIAL!! MERKEL DAUERND ALS VOLKSVERRÄTERIN BESCHIMPFEN, ABER ES DRAUF ANLEGEN, DASS 'NE ZWEITE WELLE ÜBERS VOLK KOMMT!
KAM DOCH SCHON DIE ERSTE WELLE NICHT DURCH, ABER WIR MÜSSEN DIE BLÖDEN MASKEN TRAGEN!
ZU KURZSICHTIG, MAL ÜBER DIE GRENZEN ZU GUCKEN! WAS DA LOS IST, IN SPANIEN, ENGLAND!
AMERIKA!
BRASILIEN!!!
JETZT KOMMT KONRAD, DER HAT AUCH 'NE MEINUNG DAZU!
MEINE TOCHTER LATSCHTE AM SAMSTAG MIT IHREM AFD-KNALLKOPF IN BERLIN BEI DIESER ANTI-SCHUTZMASSNAHMENDEMO MIT! WAS SAGST DU DAZU?!
IHR SEID ASOZIAL!
KONRAD, ERKLÄR'S MEINER MUTTER: WIR DEUTSCHEN SIND IMMUN!
RB 20

KNALLER IST AUS DEM URLAUB ZURÜCK. MAX HAT IHN BEIM REWE GESICHTET.
SIEHST DU, UND ER HAT SICH NICHT BEI DIR GEMELDET!
NEIN.
DU HAST IHM EIN DICKPIC GESCHICKT, MEHR KANNST DU NICHT TUN!
DARAUFHIN HAT ER MIR SEINEN HAARIGEN BAUCHNABEL –
DER WILL DICH NUR NERVÖS MACHEN!
WEIL DU DER BEKANNTE BARRY-HODEN-AUTOR BIST! DAS BRAUCHEN DIESE TYPEN FÜR IHR EGO, UND DANN BIST DU WIEDER VERGESSEN!
SEI FROH, DU WÜRDEST VOR AUFREGUNG GAR KEINEN HART KRIEGEN!
ALSO VERGISS ES!
ICH WILL'S JA VERGESSEN, KANN DAS ABER NICHT ALLEIN ENTSCHEIDEN!

Hi Barry ... äh Paul!!! :)
Donnerstagabend skypen?
Hugs von der Subbelstraße,
B. Knaller
Au ja!

PAUL, REGEL NR. 1: MAN DARF ALS ALTERNDER HOMOSEXUELLER NIE BEDÜRFTIG WIRKEN!
ICH WIRKE NICHT BEDÜRFTIG.
DEN JUNGEN, KNACKIGEN KERLEN NACHSTELLEN IST PEINLICH. ERINNERE DICH, WIE LÄSTIG DAS SEINERZEIT IM BADEHAUS WAR, ALS DIE ALTEN SÄCKE AN UNS RUMGRABSCHTEN!
SEINERZEIT! DU REDEST, ALS WÄR DAS DREISSIG JAHRE HER!
ES IST DREISSIG JAHRE HER.
REGEL NR. 2: GEH ALS ALTERNDER HOMOSEXUELLER NIE ALS ERSTER AUF DEN DEUTLICH JÜNGEREN ZU! WARTE, BIS DER JÜNGERE AUF DICH ZUKOMMT!
UND WARTE, BIS DU SCHWARZ WIRST.
HA! DER KNALLER KOMMT AUF MICH ZU! ER WILL SKYPEN!
REGEL NR. 3: RECHNE DAMIT, DASS KNACKIGE JUNGE KERLE SICH MIT DIR NUR IHR EGO AUFPOLSTERN WOLLEN!
SOLL ER POLSTERN! ICH WÜRDE ALLES TUN, UM NUR ZEHN MINUTEN DIESEN ARSCH –
SIEHE REGEL NR. 1 …
RG 20

HI!
HI...
GUCK MICH AN. DARUM SKYPEN WIR JA!
OK...
SCHICKST MIR'N DICKPIC! WAS SOLLTE DAS DENN ?!
IST MIR SO RAUSGEFLUTSCHT.
WAS?
IST MIR RAUS-GERUTSCHT!
JA GEIL! RUTSCHT DER DIR ÖFTER SO RAUS?
KOMMT SCHON MAL VOR...
WAS? KOMM, GUCK MICH AN!
DA WAR 'NE VIOLINE, DIE WOLLTE MEINE DICKPICSAMMLUNG SEHEN, WIE FRAUEN SO SIND, UND SEKT UND FLUTSCH!
WEISS NICHT, WAS DU REDEST, ABER DU HAST EINEN SEHR SCHÖNEN SCHWANZ!
DANKE, DU AUCH!
WOBEI...
WEISS JA NICH...

WILLST IHN MAL SEHEN?
WEN?
WEN?!
ACH SO... NAJA...
...SICHER!
OBWOHL OH GOTT NEIN DAS HALT ICHNICH AUS!!!
ZEIG ICH DIR AUCH NOCH NICHT. HÖCHSTENS LIVE! GUCK MICH AN!
SOOO UMWERFEND SEH ICH NUN AUCH NICHT AUS!
DOCH, DOCH...
ICH WAR AM STRAND, MEIN ARSCH IST WEISS VON DER BADEHOSE! WILLSTE SEHEN?
FIEP...
ZUERST ZIEH MAL DEIN T-SHIRT AUS!
WAS?!
ROD 20

ICH SOLL MEIN T-SHIRT AUSZIEHEN ?! WARUM ?!
WEIL ICH MEINS JETZT AUCH AUSZIEHE!
AAH, BESSER BEI DER HITZE!
HRRGS...
GUCK MAL, ICH BIN GANZ NASS UNTER DEN ARMEN!
SCHNÜFFEL FIEP...
EKLIG, ODER? ZIEH DICH AUS!
LASS MAL, ICH BIN GRAU UND DICK...
STEH ICH VIELLEICHT DRAUF!
JA, VIELLEICHT...
KLEINE RUNDE KUSCHELTIERE! MACH DICH NACKT, ICH SAG'S NICHT NOCHMAL.
FRÜHER WAR ICH KLEIN UND NIEDLICH!
JA, WAR ICH FRÜHER AUCH.
ICH HALT'S NICHT AUS.
DU HÄLTST EINIGES AUS.
OK, STIMMT.

WAS WILLST DU, SIEHT DOCH KINKY AUS!
NAJA ... WAR ALLES SCHON MAL STRAMMER.
DU SOLLST MICH ANGUCKEN!
OK ...
WAS MACHT BARRY HODEN?
IST IM WELTRAUM.
UND SONST SO?
WEISS NOCH NICH ...
KOMM ICH DA VOR?
WAS? NEIN ... ICH MUSS ERST ... BRICK HUNTER. ICH MUSS DEN BOGEN SCHLAGEN ZU BRICK HUNTER!
AH, OK. ABER ICH KOMM NOCH VOR.
WO-MÖGLICH.
WOMÖGLICH? ZIEH DIR MAL DIE NIPPEL LANG!
WAS?!

ICH SAGTE: ZIEH DIR DIE NIPPEL LANG.
FESTER.
FIEP...
MAL RICHTIG KNEIFEN!
SCHNAUF...
TUT WEH?
KRÄCHZ...
GUT. ALSO, KOMM ICH BEI BARRY HODEN VOR?
OK...
NA, DAS IST DOCH SCHÖN. KANNST AUFHÖREN.
ACH NÖ, NOCH'N BISSCHEN!

WILLST DU MEINEN ARSCH MAL SEHEN?
BITTE…
WAS?
WINSEL…
JA, BITTE!
OK!
DARF ICH POPPERS…?!
HAHA, PAUL NIEMÖSER, DU GEILE SAU…
OK, MACH!
SCHNIIIIEFF
SCHNIIIIEF
SCHNIIIFFH
READY?
SCHNAUF…

OH NEIN... GOTT!
RÖCHEL...
HA HA, DU BIST LUSTIG...
RUMS!
HI!
OH... HI!
?! WAS IS'N HIER LOS ?!
NICHTS, ICH MACH NUR –
?
WER IST DAS ?! WIESO –
ZAPP!

ER HAT DIR WIRKLICH SEINEN ARSCH GEZEIGT?!
BESCHREIB DEN ARSCH.
IST UNBESCHREIB-LICH.
NA, WAS KANN'S SCHON SEIN?! PRALL UND BEHAART!
UNBESCHREIBLICH PRALL UND BEHAART!
UND DANN PLATZTE SEIN MANN REIN, UND DU WURDEST OHNE EIN TSCHÖ ABSERVIERT?!
BESTIMMT NUR VERTRÖSTET!
WAS FÜR EINE TRAGÖDIE! EINFACH ABGESCHALTET ZU WERDEN, WENN MAN SICH DIE NIPPEL LANGZIEHT! ICH HAB KEINEN HUNGER MEHR!
NUN ISS!
NEIN, AN DEN NIPPELN BIN ICH SEHR SENSIBEL!
PAUL, HAK DIESEN TYPEN AB! DER TUT DIR NICHT GUT! DER TUT UNS ALLEN NICHT GUT!
ICH MUSS DIESEN WEG ZU ENDE GEHEN...

JENS SPAHN HAT GESAGT, DAS VIRUS ÜBERTRÄGT SICH VOR ALLEM AUF FESTEN UND PARTYS. MIT ALKOHOL UND ARM IN ARM INS OHR LALLEN!
JA, DAS WAR'S WOHL MIT SUPERJEILE ZICK.
BIN GESPANNT, WANN DER ERSTE KÖLNER POLITCLOWN SICH IN DIE BÜTT TRAUT UND DEN KARNEVAL CANCELT!
DABEI KÖNNTEN DIE JECKEN IHRE MUNDSCHUTZMASKEN DOCH PRIMA DURCH KARNEVALSMASKEN ERSETZEN!
GENAU. UND SCHUNKELN UND BÜTZEN WIRD POLIZEILICH VERBOTEN.
KUCKELKORN WILL JA DEN ALTER MARKT IN ZONEN EINTEILEN, DA FEIERN DANN ABGETRENNT NUR PERSONEN, DIE SICH KENNEN ODER ZUSAMMEN WOHNEN!
UND MAN MUSS JA NICHT SO VIEL TRIN-KEN!
JA, DA FEIERST SOGAR DU KARNEVAL!
DA SIMMER DABEI, DAT WIRD PRIHIMA...

OK, DER SCHÖNSTE MANN KÖLNS, ABER DER SCHEINT EIN BISSCHEN SEHR SELBST-BEWUSST, ODER?
DU HAST DIESEN ARSCH NICHT GESEHEN.
STIMMT. UND DU MUSSTEST DIR DIE NIPPEL TRIMMEN?
JA, WUNDERBAR.
ABER SCHON ETWAS WÜRDELOS.
ER WILL MIR SEINEN DICK ZEIGEN, OHNE PIC!
ICH WEISS NICHT, DU KLINGST NICHT NACH VORFREUDE ...
SM IST KEIN SPASS!
ER FINDET DICH LUSTIG. UND WEGEN SOLCHER TYPEN MUSSTEN WIR DICH SCHON EIN PAAR MAL VON DER TEICH-FOLIE KRATZEN!
DU HAST DIESEN ARSCH NICHT GESEHEN! UND ERZÄHL DU MIR WAS VON WÜRDE!
NEIN, ICH ERZÄHLE DIR NICHTS VON WÜRDE.

DER KNALLER WILL IN DEINEM NEUEN BARRY HODEN VORKOMMEN?! WIE MUSS ICH MIR DAS VORSTELLEN?
NAJA, ER WILL IN MEINEM BARRY HODEN VORKOMMEN! ALS ASTRONAUT ODER WASWEISSICH! WICHSVORLAGE!
ABER ES IST EIN ROMAN, KEIN FILM ODER COMICSTRIP!
FÜR DIE LITERARISCH-POETISCHE BESCHREIBUNG MÄNNLICHER KÖRPERBEHAARUNG WAR ICH FAST MAL GAST BEI DENIS SCHECK IN DRUCKFRISCH!
ABER DANN HATTE WIEDER MARTIN WALSER GEBURTSTAG, UND ICH WURDE AUSGELADEN...
UND KOMMT DER KNALLER IN BARRY HODEN VOR?
?!
JETZT KOMMT ERST MAL BRICK HUNTER, DAS HAARIGE TIER! DER KNALLER MUSS WARTEN.
GENAU! VERSETZ IHM'N URKNALL!
TRET
JAUL!!

BEHASCHT SEIN IST JA GANZ NETT, ICH WEISS DANN NUR NICHT, WAS ICH MIT MIR ANFANGEN SOLL!
HÖR MUSIK! DAS IST GUT! KIFFMUSIK...
ICH BRING DIR MAL WAS MIT.
ABER NICHT DEINE KREISCH-AFFEN, DIE DU FRÜHER IMMER...
DU RAUCHST BEWUSSTSEINS-ERWEITERNDE SUBSTANZEN, MACH LOCKER!
LANGE HAARE UND KREISCHEN RUM! AUF ENG-LISCH!
YEAH YEAH YEAH!
PINKI FLOYD ODER WIE DER KERL DA HEISST!
OK, PINK FLOYD IST VON VOR-GESTERN, ABER KLASSISCH! BRING ICH MIT!
ERST FLIEGENDE UNTERTASSEN UND JETZT UHREN UND WECKER?! DAS SOLL MUSIK SEIN?!
DAS HABEN GENERATIONEN VON KIFFERN -
ICH HAB DA WAS BESSERES!!!
DIE WILDECKER HERZBUBEN

ABER NICHT HEINO! DAS KANNST DU MIT MIR NICHT MACHEN!
NEIN, NICHT HEINO! DER PUNGELSCHEIDER BERGSTEIGER-CHOR!
OK…
HÖRST DU LA MONTANARA DIE BERGE SIE GRÜSSEN DICH…
HÖRST DU MEIN ECHO SCHALLEN UND LEISE VERHALLEN…
SCHNÜFF…
?
DORT WO IN BLAUER FERNE DIE WELTEN ENTSCHWINDEN MÖCHT ICH DICH WIEDER FINDEN MEIN UNVERGESSNES GLÜCK…
SCHNAUB
PAPI, MASKE AUFSETZEN VORM REINSCHNÄUZEN.

ICH MACH DAS RADIO MORGENS GLEICH WIEDER AUS!
MAURITIUS, BEIRUT, TRUMP, BOLSONARO, KLIMAWANDEL-LEUGNER, ANTISCHUTZMASSNAHMEN-DEMOS, ERDOGAN UND DIE GRIECHEN, RASSISMUS, HOMOPHOBIE, TIER-QUÄLEREIEN...
PUTIN SOLLTE EINFACH SCHWANZFOTOS SAMMELN WIE PAUL, UND GUT WÄR'S.' ABER MAN SOLL SICH JA KEINEN KOPF MACHEN ÜBER DAS, WAS MAN NICHT ÄNDERN KANN.
GENAU. STATT-DESSEN CHOPIN. HEILSAM FÜR'S GEMÜT...
NA TOLL! NEBENAN SPIELEN SIE WIEDER WELTUNTERGANGS-MUSIK!

WAS GUCKST DU?
'NE REPORTAGE ÜBER DIE ANTI-SCHUTZMASSNAHMEN-DEMO AM WOCHENENDE!
OK, DAS IST BESTIMMT NUR 'NE BIZARRE AUSWAHL! DIE DEMONSTRANTEN SIND JA NICHT ALLE IRRE! ODER?
KOMPLETTE VOLLPFOSTEN.
HAT DER GRAD GESAGT, MERKEL IST 'NE SATANISTIN?!
JA. UND BEATRIX VON STORCH WURDE VON JESUS GESCHICKT.
WAS MACHEN WIR, WENN DIE ZUR MEHRHEIT WERDEN?
DANN WANDERN WIR AUS!
WOHIN?
NACH AM-

DU ALS RAPIDE ALTERNDER SCHWULER HAST ES GUT, DA SIEHT MAN DEN GRAUEN BART NICHT! BEI MIR IST WEGEN DER BLÖDEN MASKE DAUERND DAS MAKE-UP VERSCHMIERT!
MEINE LIPPEN SIND MEHRFACH AUFWENDIG RESTAURIERT, OHNE LIPPENSTIFT SEH ICH AUS WIE DAISY DUCK!
IST DOCH GUT, DAS VIRUS ÜBERTRÄGT SICH NICHT AUF ENTEN.
ABER SOWAS ÜBERLEGT SICH MERKEL JA NICHT! DIE HAT BESTIMMT NOCH NIE WAS AN SICH MACHEN LASSEN!!
ALS BUNDESKANZLERIN WIRD DIE BESTIMMT OFT ÖFFENTLICH GEKNIPST, ABER MUNDWINKEL WIE ALICE COOPER!!!
WENN HIER IN FRANKFURT SO'NE ANTICORONADEMO IST, LATSCH ICH DA MIT! SOLL DIE POLIZEI MICH RUHIG AUFLÖSEN! WAS IST MIT DIR, TRÄGST DU 'NE MASKE BEIM MÜLLRUNTERBRINGEN?
NEIN, ABER ICH DENK ÜBER OHRENSTÖPSEL NACH BEIM TELEFONIEREN.
DAS VIRUS KOMMT AUS'M HANDY?!

WAS IST DAS? ROHER FISCH?!
NA, HAB ICH DOCH GESAGT! SUSHI!
NEE, NEE, DA HOL ICH MIR SALMONELLEN ODER SO WAS!
WO IST DENN DIESE CHINESIN?! DIE SOLL DAS MAL ALLES GUT DURCHBRATEN!!
PAPI, ES SIND JAPANER! UND SEI NICHT SO LAUT!
HIER, DU NIMMST MIT DEN STÄBCHEN SO'N REISKLUMPEN UND –
DER KETCHUP IST AUCH SCHON GRÜN!

IST DENN DAS JETZT VORBEI MIT DIR UND DEM FILIALLEITER ODER –
JA!
VORBEI!
WILL ICH AUCH NICHT MEHR!
DER HAT'N FREUND! ICH HAB'N ABGABE-TERMIN! ICH BRAUCH MEINE KONZEN-TRATION! ICH WERD IN WENIGEN TAGEN SIEBENUNDFÜNFZIG! ICH KANN KEINE JUNGEN GEILEN KERLE MEHR GEBRAUCHEN! ICH HAB DIE NERVEN NICHT MEHR, UND DIE CIALISPACKUNG IST AUCH LEER!!!
SEIN FREUND IST EIFERSÜCHTIG, ICH WILL KEINE BEZIEHUNG ZERSTÖREN! DER MANN IST ZU JUNG, ZU SCHÖN, DER MACHT MICH FERTIG! ES WIRD HERBST, ICH HAB KONRAD UND MEINE RUHE! SCHEISS AUF –
PIEP PIEP
KNALLER!!
FIEP...

WAS PLANST DU EIGENTLICH FÜR DONNERSTAG?
WIESO, WAS IST DONNERSTAG?
DONNERSTAG WIRST DU SIEBENUNDFÜNFZIG!
NA TOLL!! ICH HAB'S GRAD SO SCHÖN VERDRÄNGT!!!
GAR NICHTS PLANE ICH FÜR DONNERSTAG! SIEBENUNDFÜNFZIG! WISCHIWASCHI-ZAHL! KANN AUSFALLEN!
JA, RICHTIG FEIERN GEHT VIELLEICHT ERST WIEDER BEIM RUNDEN GEBURTSTAG.
IN DREI JAHREN WIRST DU JA SCHON –
ICH WILL'S NICHT WISSEN!!!

?
LASS MICH RATEN, DEIN REWE-KNALLER HAT SICH WIEDER GEMELDET…
JA, ABER IRGENDWAS WOLLTE ICH IN DER KÜCHE…
WEISS NICHT MEHR.
MACH DIR DOCH ERINNERUNGSKNOTEN IN DIE NIPPEL!
STIMMT, GUTE IDEE!

HEY PAUL, LUTGER HIER! ALLES GUTE ZUM GEB-
JA, DU WIRST EIN ALTER, GRAUER SACK UND HAST BALD KEINEN SEX MEHR! FRÄNZCHEN WÜRDE DICH BEDAUERN, ABER DER MUSSTE LEIDER SCHON 1999 WEGEN EINES VIRUS IN DIE URNE, MIT ALL DEN ANDEREN JUNGS, DIE GERADE ERST ANFINGEN, DAS LEBEN ZU GENIESSEN! DU ARMER HAST DIE ALLE SCHON 30 JAHRE ÜBERLEBT, DU TUST MIR WAHNSINNIG LEID!
ABER GERADE AUFGRUND DEINES TRAGISCHEN SCHICKSALS ALS LANGZEITÜBERLEBENDER WÜNSCHE ICH ALLES GUTE! DU WIRST ES BRAUCHEN! AUF DICH WARTEN NUR NOCH KRANKHEIT, VERFALL UND EREKTILE DYSFUNKTION!
IST JA GUT, DANKE!
KRAMPFADERN! SCHLUPFLIDER!! HODENSTILLSTAND!!!

ICH MUSS MIT JEMANDEM REDEN!
WAS IST LOS?!
KNALLER HAT MIR ZUM GEBURTSTAG GRATULIERT! HÖRT IHR MICH SCHNAPPATMEN?!
WAS, WIEDER EIN FOTO?! EIN SCHWANZFOTO?! HAT ER DIR ETWA EIN SCHWANZFOTO –
HARDCORE! DER MANN IST SO'NE SAU!! DAS LÄSST HIER WIRKLICH TIEF BLICKEN!!
OH MEIN GOTT, ZEIG!
ES IST PORNO!
ZEIG!
NEIN, DAS KANN ICH EUCH NICHT ZEIGEN. DAS MUSS ICH FÜR MICH BEHALTEN! DAMIT MUSS ICH ALLEIN KLARKOMMEN! ZUR DISKRETION VERDAMMT...
BOAH, PAUL!!
BESCHREIB'S WENIGSTENS!!!
ALSO! DA IST ZUNÄCHST SEINE UNRASIERTE, DUNKLE ACHSELHÖHLE –
ICH HÖR MIR DAS NICHT LÄNGER AN!!

PAUL, HÖR AUF DAMIT!
WAS?! WOMIT?
AM FRÜHEN MORGEN ONLINE GUCKEN, WAS LEUTE POSTEN, DIE DU GAR NICHT KENNST!
WAS?! MOMENT...
NIEDLICHE TIERFILMCHEN, POLITISCHES MEINUNGSGEZETER, KALENDERSPRÜCHE, URLAUBSFOTOS, BLÖDE SELFIES, TIERQUÄLEREIEN, CARTOONS, MUSIKCLIPS...
DAS IST NICHT GUT FÜR'S GEHIRN!
JA, STIMMT... DU HAST ABSOLUT RECHT...
UND MACH DAS LICHT AN! DU VERDIRBST DIR DIE AUGEN!
ALLES GUT! ICH WILL MIR SCHON LANGE ANGEWÖHNEN, LIEBER DEINE TAGESZEITUNG ZU LESEN!
RASCHEL
MACH MAL'N FOTO!
WOZU?
ICH LESE DIE PAPIERZEITUNG! DAS MUSS ICH POSTEN!

SEINE ACHSELHÖHLE? JETZT HAST DU SEINE NIPPEL, SEINEN BAUCH-NABEL, DEN ARSCH UND DIE ACHSEL-HÖHLE?!
GENAU. DIE RECHTE.
WAS WIRD DAS, 'N ALTARBILD IN 25 TEILEN?! PAUL, DU HAST'SE NICHT ALLE!
JA, DAS DAUERT NOCH.
LANGSAM WIRD'S ABSURD! SO SCHÖN KANN KEINER SEIN!
DOCH! DOCH!
HERRGOTT, BLAS IHM ENDLICH EINEN, UND WENN ER NICHT WILL, SOLL ER SEINE HERRLICHKEIT WEITER VORM SPIEGEL BEWUNDERN!
SPARGEL, DU HAST IHN NICHT GESEHEN! IM FRÜHLING STANDEN SIE VORM REWE SCHLANGE!
HABEN SIE MIT PALMEN GEWEDELT UND HOSIANNA GERUFEN? DEM KÖLNER KATHOLIZISMUS IST EINIGES ZUZUTRAUEN!
ICH WILL IHM AUCH KEINEN BLASEN, NUR SEINEN SAUM KÜSSEN!
ICH HOFFE, DAS IST JETZT IRONIE!

WAS IST DENN MIT DEM SCHÖNEN, JUNGEN KERL, HINTER DEM DU HER BIST?
DAS ZIEHT SICH.
HM. GAB 'NE HANDVOLL SCHÖNE WEIBER IN MEINEM LEBEN! GENIESS ES, ABER NIMM'S NICHT SO ERNST!
„MIT DER SCHÖNHEIT HAT SICH DIE VERGÄNGLICHKEIT EIN UNSTERBLICHES DENKMAL GESETZT."
KALENDERSPRUCH DES MONATS?
DER KERL SCHLURFT IN VIERZIG JAHREN AUCH NUR NOCH ÜBERN GEHWEG!
DA DREHST DU DICH NICHT MEHR NACH DEM UM!
GUT. IN VIERZIG JAHREN HAB ICH AUCH'N STEIFEN NACKEN.
IN VIERZIG JAHREN BIST DU WOHL SCHON IN DER URNE! DA KANN ICH MITREDEN!
UND NICHT MAL DAS! URNEN ZERBRÖSELN HEUTZUTAGE UMWELTFREUNDLICH! ALLES ZERBRÖSELT, DIE LUST, DIE LIEBE, DER PIMMEL...
OH MANN, PAPI!
JUNGE, DU NIMMST DAS ZU ERNST!

WAS GIBTS NOCH NEUES? IRGEND-NE KATHOLISCHE STUDENTINNEN-VEREINIGUNG SCHREIBT GOTT JETZT NUR NOCH MIT GENDER-STERNCHEN!
DAS FINDET GOTT SICHER POLITISCH KORREKT!
JA, ICH MACH DAS JETZT AUCH!
ANDERERSEITS GIBT ES KEINEN ÄLTEREN, WEISSEN MANN ALS IHN! NICHT, DASS ER AUS ZORN DIE POL-KAPPEN SCHMELZEN LÄSST ODER SO!
LUTSCHER, ICH MUSS SCHLUSS MACHEN! IN FÜNFZEHN MINUTEN SKYPE ICH MIT KNALLER UND MUSS MICH NOCH VORBEREITEN!
WAS GIBT ES DA VORZUBEREITEN? BRAUCHST DU VORHER 'NE ANAL-DUSCHE?
WELCHE REIZWÄSCHE ZIEH ICH AN?! LIEGT POPPERS BEREIT? NIPPELKLAMMERN, BUTTPLUG, ZEWA WISCH UND WEG?!
BUTTPLUG?! ZUM SKYPEN?!
OH MEIN GOTT, ICH BIN SO NERVÖS ...
GENDERSTERNCHEN! OH MEIN GOTT GENDER-STERNCHEN!

HI!
?!
HI.

DU BIST PAUL NIEMÖSER, ICH WEISS! BASTI IST NICHT DA.
AH.
ICH BIN SASCHA, SEIN LOVER!
WIR HATTEN ÜBER EURE... KLEINEN VIDEOKONFERENZEN EIN PAAR MEINUNGSVERSCHIEDENHEITEN!
MR B
AHA... OK?
NICHT OK!
OK...
NEIN, NICHT OK!
OK, ICH SAG JA, NICHT OK! OK!!

ER IST EIN JUNGER, AUFSTREBENDER SUPERMARKTLEITER UND DU EIN ALTERNDER PORNOSCHRIFTSTELLER! ICH FINDE, DA PASST WAS NICHT!
ICH SCHREIBE ANSPRUCHSVOLLEN SCIENCE-FICTION!
JAU! IM WELTALL HÖRT DICH KEINER BUMSEN!
GRUNZEN! „BUMSEN" SAGT KEINE SAU MEHR!
SO VIEL ZUM ALTERN!
HAB ICH QUERGELESEN! AUSSERIRDISCHE PRIMATEN MIT DREI PIMMELN! ANSPRUCHSVOLL!!
SOLL'S GEBEN! DAS UNIVERSUM IST GROSS!
NICHT GROSS GENUG FÜR UNS BEIDE!
WAS?
BOAH, WAS WIRD DAS HIER, MARLEEN, EINE VON UNS BEIDEN MUSS NUN GEHN?
GENAU! DRUM BITT ICH DICH, GEH DU, MARLEEN!

HALT DICH EINFACH VON IHM FERN!
WAS IST DAS HIER, LA TRAVIATA?! ICH MACH JA GAR NICHTS! ER SKYPT MICH AN!!
ICH HAB HIER'N SCHWANZFOTO VON DIR! MIT VISAGE!
MRB
MRB
UND EIN PAAR LIVE-MITSCHNITTE VON DIR, DA ZIEHST DU DIR DIE NIPPEL LANG UND LECKST DEN MONITOR AB!
DU ANSPRUCHSVOLLER SCIENCE-FICTION-AUTOR! DAS FOTO WÜRDE DIE INSTAGRAM-GEMEINDE INTERESSIEREN, UND DIE FILME MACHEN SICH SICHER GUT AUF YOUTUBE!
BIN ICH VORTEILHAFT AUSGELEUCHTET?
MRB
RG 20

ICH ERPRESS KEINEN. SO'N ARSCH BIN ICH NICHT! AUSSERDEM IST DAS FOTO BESTIMMT ZWANZIG JAHRE ALT, MAN ERKENNT DICH KAUM!
HM.
DA WÄREN DIE AUFNAHMEN EURER MEETINGS SCHON EFFEKTIVER!
ER HAT DAS ALLES MITGESCHNITTEN?!
BILD DIR NUR NICHTS EIN, ER SAMMELT AUF DER FESTPLATTE TYPEN, DIE IHN ANFIEPEN! DAMIT MACHT ER NICHTS, ER SAMMELT NUR!
AHA.
JA.
ICH BIN DATEI 273!
MR B
MR B
MR B

VERSTEH ICH DAS GERADE RICHTIG, DU WILLST MICH MIT DIESEM SCHWANZFOTO ERPRESSEN?! WER BIN ICH, DER WEIHBISCHOF VON FULDA?!
MEIN SCHWANZ KANN SICH SEHEN LASSEN! DER IST DICK UND FORMSCHÖN!
OK, STIMMT. SIEHT GUT AUS.
DANKE!! SOLL ICH MAL WEDELN?!
ICH WILL JA GAR NICHT-
DIE MENSCHHEIT GEWÖHNT SICH LANGSAM DARAN, DASS MÄNNER ZUWEILEN PENISSE HABEN!
KLAR! ICH HATTE AUCH NICHT VOR-
ICH BIN DER AUTOR VON BARRY HODEN!
ICH WEISS!
ICH HABE 1994 BEIM KREFELDER GAY HAPPENING ALS ERSTER VORM ÜBERFÜLLTEN DARKROOM DIE LEDERHOSE RUNTERGELASSEN UND DAMIT DIE FESTSPIELE ERÖFFNET! DAS ERZÄHLE ICH AUCH GERN BEIM LITERARISCHEN QUARTETT!

WIE LANGE SEID IHR SCHON ZUSAMMEN?
SCHNÜFF... SORRY...
SCHNÄUZ!
FÜNF WOCHEN... ÄCHZ...
DER SEX IST... REINER IRRSINN!
ICH BIN SO GLÜCKLICH WIE NOCH NIE!!! SCHLUCHZ!!
AU MANN... ICH BENEIDE DICH...

SCHNÜFF... KÖNNEN WIR UNS MAL TREFFEN?
OK, ABER... WOZU?
EINFACH MAL REDEN! MEINE FREUNDE MEINEN, ICH MACH AUF DRAMA-QUEEN!
DIE MEINEN, ICH MÜSSTE SELIG IM HIMMEL SCHWEBEN, NUR WEIL ICH SEX MIT DIESEM MANN HABE!
DAS MEINE ICH ALLERDINGS AUCH.
HIMMEL UN ÄÄD! IM MOMENT ALLERDINGS ÄÄD!
WAS IST DAS PROBLEM?
BASTI KRIEGT JEDEN INS BETT! UND JETZT IST ER SCHARF AUF DICH!
MR B
MR B
MR B

DU TRIFFST DICH MIT DEM LOVER VOM KNALLER ?!
SASCHA. DIENSTAG! WAS MACH ICH, WENN DER KNALLER MICH FÜR DIENSTAG VORLÄDT, WEIL SEIN FREUND DANN NICHT ZUHAUSE IST?
AM BESTEN, DU TRIFFST DICH MIT KEINEM DER BEIDEN! MEINE BESCHEIDENE MEINUNG.
DER SEX MIT IHM IST REINER IRRSINN! HAT SASCHA GESAGT! REINER IRRSINN!
JA, DU WIRKST AUCH VOLL DER VORFREUDE!
PAUL, DIESER MANN HAT DEINE SELBSTACHTUNG SCHON BEIM SKYPEN DURCHPÜRIERT! WAS WIRD DAS ERST, WENN ER DIR SEINE INTIMSPHÄRE ÜBER DIE NASE STÜLPT?
SAG NICHT SOWAS, MEINE NIPPEL ERHÄRTEN!
VERSTEHE. AM REINEN IRRSINN FÜHRT KEIN WEG VORBEI!
NEIN.

KONRAD, ZÄHL DOCH EINFACH NUR EINS UND EINS ZUSAMMEN! DAS MIT DEM VIRUS IST'NE GIGANTISCHE VERARSCHE!
DU BIST MERKEL-FAN?!
NAJA, FAN NUN NICHT GRAD, ABER...
MERKEL, MACRON UND DIE ALLE WOLLEN IHR DING MACHEN, OHNE DAS VOLK!!!
AH. UND WAS IST DAS DING?
DIESE QUERDENKEN-INITIATIVE WIRD VON DER BUNDESREGIERUNG FINANZIERT UND ORGANISIERT, DAMIT DAS VOLK SICH VON EIN PAAR BEKLOPPTEN DISTANZIEREN KANN UND SICH SCHLAU VORKOMMT! DAHINTER STEHT EIN PLAN KONRAD!
DIE ELITE WILL DIE ULTIMATIVE WELT-WIRTSCHAFTSKRISE! MIT HUNGER, MORD UND TOTSCHLAG! DANACH SITZEN DIE AM FETT GEDECKTEN TISCH! WENIGER MENSCHEN, WENIGER UMWELTPROBLEME...
WENIGER BEKLOPPTE?
WENIGER MENSCHEN, WENIGER BE-KLOPPTE!
OK, ICH BIN MERKELFAN.

DER WILL DOCH GAR KEINEN SEX MIT DIR! DER WILL NUR KURZ VON DIR BEWUNDERT WERDEN UND ANGE-HIMMELT, UND WENN DU IHN GENUG BEWUNDERT UND ANGEHIMMELT HAST, HOLT ER SICH DEN NÄCHSTEN ZUM BEWUNDERN UND ANHIMMELN!
SO SCHÖNE MÄNNER HABEN OFT 'NE EGOSCHRAMME! DER BRAUCHT NUR MIT DEN FINGERN ZU SCHNIPPEN, UND DIE SCHLANGE AN DER REWE-KASSE LECKT IHM DIE EIER! BIST DU DIR DAFÜR NICHT ZU SCHADE?
NEIN.
NICHT? NUR BENUTZT ZU WERDEN ZUM BEWUNDERN UND ANHIMMELN?
NA, UND ZUM EIER-LECKEN!!
HALLO?!
VON DIESEM KERL ZUM EIER-LECKEN BENUTZT ZU WERDEN, DA IST DAS BISSCHEN AN-HIMMELN EIN FAIRER DEAL!
DEM LECK ICH SOGAR DIE EGOSCHRAMME!

TRUMP HAT CORONA!
JA.
ABER WIR WÜNSCHEN JA NIEMANDEM WAS SCHLECHTES.
NEIN, NEIN.
DOCH.

HALLO.
HI!
UM ES GLEICH ZU SAGEN, ICH HAB MICH VON IHM GETRENNT! ICH MICH VON IHM, WOHLGEMERKT.
ABER WARUM DENN NUR?!
KEINE AHNUNG, IRGENDWAS MIT RESTWÜRDE! ZUM SCHLUSS HATTE ICH MEINEN KOPF IN SEINEM WÄSCHEKORB, UM AN SEINEN ALTEN SOCKEN UND UNTERHOSEN ZU SCHNÜFFELN...
NA KLAR! GANZ NORMAL!
STIMMT! ICH HAB MICH VON DIESEM MANN GETRENNT!!
ICH IDIOT!!
ABER ECHT... SCHEISS AUF RESTWÜRDE!

ICH KAPIER'S NICHT... WIE KANN MAN SICH NUR VON DIESEM MANN TRENNEN ?!
INDEM MAN SAGT: ADIEU, DU WUNDERBARER SCHEISSKERL!
UND ER IST WIRKLICH WUNDERBAR! WITZIG, INTELLIGENT, DAUERGEIL UND SUPERVERSAUT!
FIEP...
WAS WAR DENN DAS PROBLEM ?!
MAN KANN MIT KEINEM DERMASSEN ATTRAKTIVEN KERL ZUSAMMEN SEIN, WENN MAN AUSSIEHT WIE WIR!
WIE SEHEN WIR DENN AUS?
GEWÖHNLICH. DURCHSCHNITTLICH. NORMALSTERBLICH.
KLEIN UND NIEDLICH.

STELL DICH DRAUF EIN: NEBEN SO EINEM WIRD MAN UNSICHTBAR! ICH SITZ MIT IHM IM BISTRO, KOMMT DER KELLNER. BASTI BESTELLT'N BIER, UND DER KELLNER GEHT WIEDER!
ICH SO HINTERHER: HALLO?! ICH HÄTT GERN AUCH WAS!
IM URLAUB IN DER KNEIPE GEH ICH KURZ PINKELN, STEHEN DREI TYPEN UM IHN RUM UND BAGGERN IHN AN! DIE BAGGERTEN IHN SOGAR AN, WENN ICH DANEBENSTAND! DIREKT DANEBEN!
DIE BEMERKTEN MICH GAR NICHT!
KLAR, ZUHAUSE ZU ZWEIT AUF'M SOFAPOLSTER WAR'S WUNDERVOLL!
OH GOTT, WENN ICH DRAN DENKE, DASS SEIN SCHÖNER ARSCH NIE WIEDER AUF MEINEM SOFAPOLSTER-
HI, WAS WILLST DU TRINKEN?
NA IMMERHIN... HIER BIN ICH WIEDER.

ICH WILL DICH NUR WARNEN. BASTI HEBT KURZ SEIN T-SHIRT UND KRATZT SICH DEN BAUCH, UND ZACK KLEBST DU DRAN WIE'NE TRAUERFLIEGE AM GELBSTREIFEN!
ICH SPRING AM BESTEN VON DER HOHENZOLLERNBRÜCKE ... SCHNÜFF ...
NEE, MACH NICH!!
SCHNÄUZ
ABER IN SEINEM BAUCHNABEL SIND IMMER KLEINE FLUSEN!
VIELLEICHT BIN ICH IM NÄCHSTEN LEBEN 'NE FLUSE!
PASS AUF, ICH MACH IHM DIE TRAUERFLIEGE UND DANN SPRINGEN WIR ZUSAMMEN!
UND SOLANGE ER SICH NOCH GAR NICHT BEI MIR GEMEL-
PIEP, PIEP

IST ER DAS ?!
SMS VON IHM ?!
JA.
MEINE ZAHNBÜRSTE LIEGT NOCH IN SEINEM MÜLLEIMER! DIESER TOLLE MANN KANN NICHT ALLEINE SEIN! EINE BEZIEHUNG NACH DER NÄCHSTEN!
SCHNÜFF...
ICH BIN BEREITS VERPARTNERT.
JA, WAR ICH AUCH! ABER DANN KNUTSCHTE MICH DIESER MANN VON SEINER WOHNUNGSTÜR INS SCHLAFZIMMER! UND AM NÄCHSTEN MORGEN LAG DIESER MANN NEBEN MIR UND ROCH GUT UND SCHNARCHTE LEISE...
NACHTS IM SCHLAF LEGT PLÖTZLICH DIESER MANN SEINEN ARM UM DICH!
UNTERSCHÄTZE NIE DEN GLÜCKSMOMENT! ALLE LUST WILL EWIGKEIT!
KRIEGT SIE ABER NICHT!
ICH DACHTE EHER AN'N QUICKIE!

HI PAUL, WAS GIBT'S? ERZÄHL UNS WAS VON DEN WIRKLICHEN PROBLEMEN DER NEUZEIT...
WIESO, WAS IST LOS?
TOF PARIS
WAS LOS IST?!
DIE INFEKTIONSZAHLEN STEIGEN RASANT, GROSSSTÄDTE SIND HOT-SPOTS, SPERRSTUNDEN, ALKOHOL-VERBOT, MAN SOLL DEN MUND-NASENSCHUTZ JETZT AUCH IN DER FUSSGÄNGERZONE TRAGEN...
KÖLN IST HOTSPOT?
STÖHN...
HAST DU NICHT MITGEKRIEGT, SCHON KLAR! ALSO WAS HÄLT DIE WELT IN ATEM, HAT KNALLER DIR EIN PIC VON SEINEM GROSSEN ZEH GESCHICKT?
WIR HABEN SAMSTAG DAS ERSTE DATE!
?!
NEIN!?!
TOF PARIS

SAMSTAG ALSO! ES WIRD SICHER PEINLICH.
WIESO?
DU WIRST SEINEN GEILEN ARSCH ANFIEPEN, UND DANN BIST DU SÜCHTIG UND JAMMERST UNS MONATELANG DIE OHREN VOLL!
DER ARSCH IST ES WERT.
MEINST DU, DU KRIEGST EINEN HART VOR LAUTER AUFREGUNG?
ICH HAB WEGEN DEM MANN SEIT APRIL EINEN HART.
WENN DU CIALIS SCHNORREN WILLST, NICHT BEI MIR!
ICH LAUF DOCH NICHT DAUERND ZUM DOC UND LASS MIR CIALIS VERSCHREIBEN, NUR WEIL IHR EUCH ALLE BEI MIR –
ICH BRAUCH KEIN CIALIS!
BEDENKE, HYPERSEXUELL UND ANDROPAUSE!
OK, ICH BRAUCH 'NE CIALIS.
DER GAUL WIRD MÜDE, ABER DER DÄMON PEITSCHT WEITER…
LUTGER, KRIEG ICH'NE CIALIS?!
WUSST ICH'S DOCH.

DAS IST DIE ZWEITE INFEKTIONS-WELLE! WIR SOLLTEN LIEBER AUCH ZUHAUSE BLEIBEN!
ICH FEIERE MEINEN DREIUND-SECHZIGSTEN GEBURTSTAG NICHT, DA BIN ICH EH IN DER RISIKO-GRUPPE!
KEINE REISEN!
OK...
UND PAUL... WENN'S GEHT, KEINE SEX-DATES!
„WENN'S GEHT," KEINE SEXDATES! KONRAD HAT „WENN'S GEHT" GESAGT!
NA, ABER GEHT JA NICHT!! HALLO?! DU HAST ENDLICH DEIN DATE MIT DEM KNALLER!!
MORGEN!
UND DU MUSST UNS ALLES ERZÄHLEN, HÖRST DU?!
STÖHN...
DER TYP STEHT JEDEN TAG BEI REWE IM KUNDENGEDRÄNGE!
ABER MIT MASKE! UND DU HAST DAS FOTO GESEHEN VON SEINEM WUNDERVOLLEN BEHAARTEN ARSCH!
NAJA, SCHON... ABER –
PAUL, BESORG'S IHM!!!
WENN'S GEHT...

OK. MUSS JA NICHT.
ICH WÜRD WIRKLICH GERN, ABER...
IST BESTIMMT VERNÜNFTIGER. MAN SOLL JA AUF DIE ALTEN AUFPASSEN. DU BIST JA AUCH NICHT MEHR DER FITTESTE.
WAS?!
NA DANN... BIS NACH CORONA.
JA, NACH CORONA.
TSCHÖ.
ES IST SAMSTAG. GUCKEN WIR IRGENDWAS AUF NETFLIX?
DU SAGST DAS, ALS GUCKTEN WIR JEDEN SAMSTAG WAS AUF NETFLIX...
SPASS-BREMSE CORONA
WIE LANGE NOCH?
ABER IRGEND'N NERVENFETZ! NICHTS MIT ROMANTIK!
PAUL, ALLES OK?
JA, JA... NUR'N BISSCHEN QUARAN-TÄNE...

JA, GUT, DASS DAS MAL ERST EIN ENDE HAT MIT DEM KNALLER! DER KAM MIR AUS BERLINER ABSTAND ZUNEHMEND VOR WIE'NE METAPHER ODER SOWAS!
METAPHER?
NAJA, FÜR SCHÖNHEIT, VERGÄNGLICHKEIT, GEILESAUHEIT... ALS WÄR'S DEIN LETZTES GROSSES AUFBÄUMEN.
ES BÄUMT NOCH, KEINE SORGE!
ABER HOL DIR KEINEN FRUST! DU KÖNNTEST SEIN VATER SEIN!
DAS FETISCHWORT IST DADDY!
UND WAS HAST DU JETZT VOR, DADDY? WIE ÜBERSTEHST DU DEN CORONAWINTER OHNE WINSEL UND FIEP?
ICH BLEIB IM HOMEOFFICE UND SCHREIB BARRY HODEN.
JA, ALLEIN ZUHAUSE MUSS MAN AUCH NICHT DAUERND LÜFTEN!
BFFH

KEIN WINTERURLAUB! WEISST DU, WIE LANGE ICH NICHT MEHR IM URLAUB WAR?
NEIN.
SEIT SOMMER!
DAS IST HART.
ICH MUSS IM WINTER NACH THAILAND! SONST KOMMT WEIHNACHTEN MEINE MUTTER!
HEINRICH, BIST DU BETRUNKEN?
MEINE MUTTER, KONRAD!!
SIE RIEF GRAD SCHON AN!!
JAHRESWECHSEL IN DEUTSCHLAND! SCHEISSWEIHNACHTEN, SCHEISS-WETTER, SCHEISS SILVESTER …
NA, WEIHNACHTEN UND SILVESTER FÄLLT JA VIELLEICHT AUS.
OK, BLEIBT SCHEISSWETTER UND MEINE MUTTER!
ABER REISEWARNUNGEN GELTEN AUCH INNERHALB DEUTSCHLANDS. VIELLEICHT DARF SIE GAR NICHT –
GENAU! UND WAS IST MIT DEM BEHERBERGUNGS-VERBOT?!
WIRD GRAD VOM VERFASSUNGSGERICHT GEKIPPT.
ABER NICHT VON MIR!!!
OH GOTT, MEINE MUTTER!!

KONRAD, GANZ EHRLICH? ICH WEISS NICHT, WIE WIR DAS DEN GANZEN WINTER DURCHSTEHEN SOLLEN!
JA, DAS SAGST DU SO...
ICH BIN SEIT MÄRZ IM HOME-OFFICE! TAGELANG SAG ICH NICHT MEHR ALS MORGENS „ZWEI BRÖTCHEN, BITTE!"
JA, KLAR, TELEFON! UND SKYPE, GANZ TOLL!
JA, ICH HAB SAUBERES WASSER UND 'NE HEIZUNG UND RADIO UND 3SAT! NEIN, ES IST NICHT WIE DIE PESTI-LENZ IM MITTELALTER! SAG ICH JA GAR NICHT!
NATÜRLICH GIBT ES ELEKTRISCHES LICHT, ICH MEIN JA NUR –
BOAH, DARF ICH EINFACH MAL SCHEISSE DRAUF SEIN?!!

DIE MACHEN KEINEN ZWEITEN LOCKDOWN! KANN SICH KEINER LEISTEN!
BIN MIR NICHT SO SICHER.
REICHT SO SCHON! ICH WOLLTE MIR GRAD 'NE HÜBSCHE WINTERJACKE KAUFEN, ABER DANN DACHTE ICH, IST EH EGAL MIT DER MASKE! HÜBSCH AM ARSCH!
NEIN, NEIN, KEIN NEUER LOCKDOWN. DIE GANZE KAUF-KRAFT –
OH NEE... DER WIEDER!
?
?
DAS ENDE IST NAH!
KAUFT KLO-PAPIER!

BESORG MAL HUNDERT GRAMM VON DEN TÄNGSCHERIN DRIEM FÜR MICH, FÜNFZIG FÜR WERNER, UND JUPP FRAGT NACH EKSTASE!
ECSTASY!
PAPI, ICH KANN NICHT SCHON WIEDER EINKAUFEN! VERSORG MIR NICHT DAS GANZE SENIORENSTIFT, ICH KOMM IN DEN KNAST!
WIR RAUCHEN DAS UNTEN IM HEIZUNGSKELLER, DAS MERKT KEINER!
JUNGE, JETZT KOMMT DIE DUNKLE JAHRESZEIT, DA REICHT KEIN ALKOHOLFREIES BIER ZUM ABEND-ESSEN!
VERSTEH ICH JA, ICH KIFF AUCH ZU VIEL, SAGT KONRAD...
KONRAD HAT RECHT! DU BIST NOCH JUNG, DU HAST WAS BESSERES ZU TUN, ALS DICH ZU BETÄUBEN!
WAS HEISST DAS DENN JETZT?
GIB MIR DEINS!

HI.
HALLO. OH, DU RIECHST GUT.
KANN NICHT SEIN. HAB KEIN PARFUM DRAUF.
DIE HÄNDE HAB ICH MIR GRAD DESINFIZIERT …
AH, OK … ICH RIECH DAS JA GERN.
WIRKLICH ?!
IST VIELLEICHT DER DUFT DER ZEIT …
WOW, ICH BIN HIP!
PFFT PFFT

ICH KANN JA IMMER NOCH NICHT FASSEN, DASS DU DEM FILIALLEITER EINEN KORB GEGEBEN HAST! DAS ENTTÄUSCHT MICH UNGEMEIN!
WAS HÄTTE ICH DENN TUN SOLLEN?!
NA, SEINEN ARSCHBACKEN HULDIGEN. SEIN SKROTUM SALBEN! SEINEN –
ER NIMMT DAS PERSÖNLICH.
KONRAD HAT SCHISS VOR CORONA! MEIN PENIS HAT COCKDOW
ABER DIESER KERL!!! DEN WIRST DU DOCH NIE WIEDER –
ANGENOMMEN, DEIN MANN BRUMMT DIR WEGEN PANDEMIE ASKESE AUF, ZIEHST DU LOS UND LÄSST DICH VOM KNALLER KNALLEN?!
DIE FRAGE IST MIR JETZT ZU ABSTRAKT.

... UND NUN DER WETTERBERICHT AB MONTAG, DEN GANZEN NOVEMBER. ES WIRD GRAU, FINSTER UND TROSTLOS.
NA SUPER ... WAS MACHEN WIR DENN JETZT DIE GANZE ZEIT?
KONTAKTE REDUZIEREN ...
... KONTAKTE REDUZIEREN, KONTAKTE REDUZIEREN.
DU HAST ES DREI MAL GESAGT.
MERKEL AUCH.
WINTERSCHLAF WÄR GUT! NARKOTIKA FÜR ALLE!
ODER WIR MACHEN'S SO WIE IN DIESER WERBUNG: BLEIBT ZUHAUSE, BENUTZT DILDOS!
DIDEL DÜDEL DIDEL
HALLO, BRIGITTE.
WAS MACHEN WIR DENN JETZT DEN GANZEN NOVEMBER?!
DU WIRST REDUZIERT!

ICH HABE GESTERN KLOPAPIER GEKAUFT.
DU HAST KLOPAPIER GEKAUFT ?!
JA, ICH HAB KLOPAPIER GEKAUFT! WAR MIR AUCH PEINLICH! DARUM ERZÄHL ICH DAS JA!
WIEVIEL KLOPAPIER HAST DU DENN GE-KAUFT ?!
NA, KEINE GANZE PALETTE! EINE PACKUNG MIT ZEHN ROLLEN! ABER HEUTZUTAGE SCHÄMT MAN SICH JA SCHON –
WAS MACHST DU MIT ZEHN ROLLEN KLOPAPIER ?!
WAS ?!
WIESO, WAS MACHT IHR DENN MIT KLOPAPIER ?! WERD ICH HIER GERADE VERÄPPELT ODER WAS ?!
DER HUMOR IST VERZWEIFELT, ABER WIR SOLLTEN IHN NICHT VERLIEREN …

NA DANN! WINTER IS COMING! DAS LEBEN IST'NE SERIE, UND JETZT IST STAFFEL-ENDE...
ICH HÄTTE NICHT GEDACHT, DASS ICH MAL WEIHNACHTSMÄRKTE VERMISSEN WERDE...
...ABER ICH WERDE WOHL WEIHNACHTSMÄRKTE VERMISSEN...
KARNEVAL-ALKOHOLVERBOT! DAS NENN ICH MAL DYSTOPIE!
WAS SOLL'S, WIR HABEN IMMER NOCH UNS! UND BEETHOVEN! UND BARRY HODEN! WIR MACHEN'S UNS NETT!
JAU. IN NUR ZWEI MONATEN WERDEN DIE TAGE SCHON WIEDER LÄNGER...
MUND-NASE ZU UND DURCH!
HINTER'M POSTSCHALTER AN DER GERONSTRASSE STEHT ÜBRIGENS EIN GESCHOSS VON KERL! GROSS, SCHWARZBÄRTIG, MIT SEXY BÄUCHLEIN...
NEE, NICHT SCHON WIEDER! WINTER-PAUSE!

KEIN SILVESTER! KEINE PARTY, KEIN ALK, KEIN KIFF. KEIN KOKS! AM ENDE SITZ ICH MIT KONRAD ALLEIN HIER UND GUCK AUF DEN KARTOFFELSALAT!
DAS HAB ICH GEHÖRT!
HM.
DANN BLEIBT'S HALT FÜR IMMER 2020!
ODER 2021 FINDET NUR ONLINE STATT!
GANZ EHRLICH? ICH FIND'S SUPER! KALENDER LEER, KÜHLSCHRANK VOLL, KYLIE MINOGUE, NETFLIX, PORNOS UND MEIN DILDO!
WAS MEHR BRAUCHT DER MENSCH?
NAJA... SOZIALE KONTAKTE? TREFFEN, LACHEN, FEIERN? ESSEN GEHEN?
WIRD ÜBERSCHÄTZT.
HULK

ICH KOMM GUT MAL'N WINTER OHNE KLAR!
ALSO, DASS WEIHNACHTEN -
SCHEISS AUF WEIHNACHTEN!
DASS HIER VOR MEINER TÜR KEIN WEIHNACHTSMARKT STATTFINDET, IST EINE GNADE! MAL ENDLICH STILLE NACHT IM SCHACHT!
ABER SCHWUL GLÜHWEIN TRINKEN WAR IN KÖLN IMMER SEHR LUSTIG.
ICH TRINK SCHWUL KÖLSCH! IST LUSTIG GENUG!
DU VERMISST UNS WOHL WIRKLICH KEIN BISSCHEN!
HULK
WIESO SOLLTE ICH EUCH VERMISSEN?! ICH SEH EURE VISAGEN GRAD AUF ZOOM!
ICH HAB NUR KEINEN BOCK AUF HEULEN UND ZÄHNE-KLAPPERN!
IST NUN MAL SO, WIE'S IST!

HISTORISCH GESEHEN IST CORONA EIN PANDEMIECHEN! IM MITTELALTER VERRECKTEN DIE LEUTE MASSENHAFT AN DER PEST! UND DIE HATTEN WEDER ZENTRALHEIZUNG NOCH SKYPE!
ICH FÜHL MICH TROTZ MITTELALTER EINSAM UND ALLEIN!
BFFH
MIT EINEM FURZENDEN HUND ZWAR, ABER ALLEIN.
BFFH
NA KLAR, ICH WERD HIER AUCH LANGSAM VERHALTENSAUFFÄLLIG! ABER EGAL, SIEHT JA KEINER!
GUT. MEHR ALS ICH DA SEHE, MÖCHT ICH AUCH NICHT SEHEN...
WIESO VERHALTENSAUFFÄLLIG?
SAGT DAS KEINEM WEITER, ABER ICH ENTWICKLE EIN KOMISCHES VERHÄLTNIS ZU GEWISSEN HAUSHALTSGEGENSTÄNDEN! MEIN DILDO BESCHIMPFT MICH UND MEINE SPÜLMASCHINE... ABER WENN KEINER ZU BESUCH KOMMT, RÄUM ICH AUCH NICHT AUF! MIT SOLCHEN NEUROSEN FANG ICH GAR NICHT ERST AN!
SCHLAMPE!

DEIN... DILDO BESCHIMPFT DICH?
DEIN DILDO?!
ACH, WISST IHR WAS? ICH SCHALT UM AUF NETFLIX! SUHLT EUCH OHNE MICH IM UNGLÜCK! FROHES FEST UND GUTEN RUTSCH!
HULK
ER REDET MIT SEINEM DILDO?!
OK, ER IST OFFLINE.
MÜSSEN WIR UNS UM IHN SORGEN MACHEN?
NEIN. WIR KÖNNEN UNGESTÖRT WEITERJAMMERN!
WIE GESAGT, KEINE SILVESTERPARTY! ICH SEH MICH HIER SCHON ALLEIN MIT KONRAD, DAS WIRD-
ICH HÖR DAS SCHON WIEDER!!
RALF

ICH WEISS NICHT MEHR, WAS ICH TUN SOLL! ER JAMMERT!
ES IST KALT UND DUNKEL UND FREUD-LOS!!!
IST JA VERSTÄNDLICH, WIR SIND SEIT FÜNFZEHN JAHREN UM DIESE ZEIT IN THAILAND! KLAR IST DAS JETZT EIN KULTURSCHOCK!
DEUTSCHE WEIHNACHT!
HM.
I ♥ BANGKOK
ICH HAB IHM DIE FARBENFROHE BETTWÄSCHE DRAUFGEZOGEN, DIE HEIZUNG IST AUF TROPENTEMPERA-TUR, GESTERN HAB ICH IHM NE YAM WUNSEN GEKOCHT!
THAI-MASSAGE WILL ER NICHT, ICH HAB ZU KALTE FINGER!
IN MEINER VERZWEIFLUNG VER-SUCH ICH'S SCHON MIT ALKOHOL!
SOGAR DIE COCK-TAILS SIND KALT!!

JA, JA, AUCH SO! FROHE WEIHNACHTEN!
WIRKLICH FROH IST DAS JA NICHT ZURZEIT...
WIESO, IHR HABT WOHNUNG, HEIZUNG UND WAS IM KÜHLSCHRANK! ALS KIND WAR ICH FROH ÜBER'N HEISSEN BRATAPFEL MIT ZIMT UND NE NACHT OHNE BOMBER-ALARM!
STIMMT, DAS VERGISST MAN IMMER.
DAS VERGISST MAN NIE!
ICH MEINE WIR, DIE WIR DAS NIE ERLEBT HABEN!
GENAU! SEID MAL EIN BISSCHEN FRÖHLICH! WAS IHR HEUTZUTAGE ALLES HABT!
EINE MUH, EINE MÄH, EINE TÄTÄRÄTÄTÄ! EINE -
KOMM, GÖNN UNS EIN BISSCHEN VOLKS-DEPRESSION...
?

WAS SOLL DENN DAS WERDEN OHNE BÖLLER ?! DIE MERKEL SOLL SILVESTER AUSFALLEN LASSEN!
DANN GIBT'S 2021 ERST NÄCHSTES MAL!!
NA UND ?!
MAN KANN NEUJAHR NICHT AUS-FALLEN LASSEN.
WIESO NICHT? DIE LASSEN DOCH ALLES AUSFALLEN! SOGAR MEINE FINGERNÄGEL-MANIKÜRE!
SILVESTER OHNE BÖLLER, DAS GIBT DEN LEUTEN DEN REST! DIE STÜRZEN SICH DOCH ALLE UM PUNKT MITTERNACHT AUS'M FENSTER! DANN GIBT'S STATT KNALLBUMS AM HIMMEL ÜBERALL KLATSCH AUF'M BÜRGERSTEIG!
EDELTRAUT... ICH WÜNSCHE DIR EINEN GUTEN RUTSCH!
JA, DANN MUSS MAN AUFPASSEN, WO MAN HIN-TRITT!!!
STÖHN...

EIN SILVESTER OHNE KRIEGS-GERÄUSCHE! DAFÜR MOZART!
DASS ICH DAS NOCH ERLEBEN DARF!
WIR STEHEN TROTZDEM IN DER KÄLTE UND GLOTZEN ZUM HIMMEL.
ABER DER HIMMEL IST RUHIG! DAS NEUE JAHR KANN NUR ENTSPANNT WERDEN! PROST!
FROHES NEUES. GESUNDHEIT, GLÜCK, GLEITGEL…
BAM!!!
?!!
ENTSCHULDIGUNG, LIEBE NACHBARN, MEIN MANN HAT EIN PAAR BÖLLER AUS POLEN!
SCHON GUT! FROHES NEUES JAHR!
KRÄTZE UND FEIGWARZEN!

DRAUSSEN PRASSELT KALTER REGEN
AN DIE FENSTERSCHEIBE...
DU LIEGST IM BETT. GENAU DESWEGEN
RÜCK ICH DIR ZU LEIBE.
DRAUSSEN KREISEN KRANKHEITSVIREN
CORONA, GRIPPE, SCHNUPFEN...
WIE SOLLT ES MICH DA NICHT VERFÜHREN, ZU DIR INS BETT ZU SCHLUPFEN?
DRAUSSEN RAUSCHEN AUTOS LAUT
AUF NASSER STRASSENKREUZUNG...
ICH SCHMIEGE MICH AN DEINE HAUT,
SO SCHÖN WÄRMT KEINE HEIZUNG.

DRAUSSEN STECKEN ALLE LEUTE IN ANORAKS UND JACKEN ...
ICH LIEG AN DEINER HINTERSEITE UND RIECH AN DEINEM NACKEN.
DEIN ARSCH IST NACKT UND KUSCH-LIG WARM UND ICH LEG DIR MEINEN ARM UM DEN BEHAARTEN BAUCH ...
SOLL'S KALTE TREIBEN DRAUSSEN BLEIBEN ...
... UND 2020 AUCH.

Ralf König, 1960 in Soest geboren, Studium der Freien Graphik an der *Kunstakademie Düsseldorf*, ab 1980 Comic-Veröffentlichungen in diversen Schwulenmagazinen. Durchbruch mit *Der bewegte Mann* (1987), der als Comic wie als Film ein großes Publikum eroberte. Vielfache Auszeichnungen (u. a. 2010 mit dem *Max-und-Moritz-Preis* für den besten Comic-Strip für *Prototyp* und *Archetyp*). Seine Comics wurden in 18 Sprachen übersetzt. Zahlreiche Ausstellungen, z. B. 2012 das *Ursula-Projekt* im *Kölnischen Stadtmuseum* zu den *Elftausend Jungfrauen.* 2014 erhielt er den *Max-und-Moritz-Preis* für sein Lebenswerk und 2017 den *Wilhelm-Busch-Preis* der *Schaumburger Landschaft* für satirische und humoristische Versdichtung. Königs Veranstaltungen mit projizierten Comics und den von ihm gelesenen Sprechblasen sind immer ein großes Vergnügen. Ralf König ist im Beirat der *Giordano-Bruno-Stiftung.*

www.ralf-koenig.de